マルクスと 個人の尊重

牧野 広義

本の泉社

まえがき

　今日、市民と野党の共闘によって、安倍政権のもとでの憲法改悪に反対する運動が進められています。市民と野党の共闘は、2015年の「戦争法」（新安保法制）に反対する運動などから盛り上がってきました。これらの運動は、安倍政権が破壊した、立憲主義・平和主義・民主主義を取りもどす運動ですが、それは同時に、日本国憲法の「個人の尊重」や「個人の尊厳」を実現する運動でもあります。運動に参加する労働者・市民や野党とのあいだでも、相互の「リスペクト」（尊重）が語られてきました。

　このような「個人の尊重」の思想はマルクスにもあります。マルクスは、資本主義社会において、資本の利潤追求のために個人としての労働者が犠牲にされることを厳しく批判しました。同時にマルクスは、資本主義社会を変革する力は、資本主義社会そのもののなかから成長する労働者の階級にあることを明らかにしました。

　個人は一人ひとりでは弱いものですが、団結し連帯すれば、大きな力を発揮することができます。このように、「個人の尊重」を「社会的協同」によって実現しようというのが、マルクスの思想です。本書では、このようなマルクスの思想について考えたいと思います。

　読者の皆さんのご検討をお願いします。

【目　次】

まえがき ……………………………………………………………… 3

序章　個人の尊重を社会的協同で ……………………………… 7
1　近代社会の発展と個人の尊重 ………………………………… 7
2　教育における人間発達と個性の尊重 ……………………… 8
3　労働者の雇用と資本の支配 ………………………………… 10
4　憲法の精神で、個人の尊重を社会的協同で ……………… 13

第1章　個人の尊重とマルクス ………………………………… 15
1　人間の尊厳、個人の尊重 …………………………………… 15
2　人権の発展と人間の尊厳 …………………………………… 17
3　マルクスと個人の尊重 ……………………………………… 18
4　資本主義社会における個人の尊重 ………………………… 20
5　共産主義社会における個人の尊重 ………………………… 21
6　マルクスにおける「自由」の意味 ………………………… 22
まとめ …………………………………………………………… 23

第2章　マルクスの世界観——世界は変えられる …………… 25
1　マルクスの「新しい唯物論」 ……………………………… 25
2　社会と歴史についての唯物論 ……………………………… 31
3　資本主義社会の矛盾と将来社会 …………………………… 40

第3章　『資本論』と変革の哲学 ……………………………… 44
1　資本主義社会の法則の解明 ………………………………… 44
2　「産みの苦しみ」を短くし、やわらげる ………………… 46
3　『資本論』と労働者階級 …………………………………… 48

4　マルクスの唯物論と弁証法……………………………………49

　　5　資本主義社会の肯定的理解と否定的理解……………………51

　　6　資本主義社会の矛盾……………………………………………52

　　7　資本主義社会の変革の必然性…………………………………54

　　8　将来社会の展望──個人の自由な発達を根本原理とする社会………57

　むすびにかえて…………………………………………………………60

第4章　『資本論』のエッセンス──真の主人公は労働者……61

　　1　『資本論』は労働者へのプレゼント…………………………61

　　2　人間の労働が商品の価値をつくりだす………………………65

　　3　資本のもうけは労働から生まれる……………………………69

　　4　資本主義社会の発展と労働者…………………………………75

　　5　資本主義の矛盾と変革の条件…………………………………79

　　6　将来社会と個人の自由な発達…………………………………84

第5章　将来社会と個人の尊重………………………………………89

　　1　将来社会の「物質的条件」とは何か…………………………89

　　2　資本主義の変革と個人的所有…………………………………95

　　3　労働者階級の政治権力…………………………………………97

　　4　共産主義社会における平等の問題…………………………101

　　5　必然性の国と自由の国………………………………………104

　　6　マルクスと個人の尊重………………………………………106

あとがき…………………………………………………………………109

【凡　例】

1　マルクスの著作からの引用は次の文献により、引用では、ページなどを記します。なお、翻訳は原書に基づいて適宜変更しています。

（1）『ユダヤ人問題によせて／ヘーゲル法哲学批判序説』城塚登訳、岩波文庫。

（2）『経済学・哲学草稿』城塚登・田中吉六訳、岩波文庫。

（3）「フォイエルバッハにかんするテーゼ」、および『ドイツ・イデオロギー』：マルクス／エンゲルス『［新訳］ドイツ・イデオロギー』服部文男監訳、新日本出版社、所収。「テーゼ」からの引用では、テーゼの番号を記します。

（4）マルクス／エンゲルス『共産党宣言／共産主義の原理』服部文男訳、新日本出版社。

（5）『経済学批判要綱 1857-58 年』：マルクス『資本論草稿』①，②、大月書店。

（6）『マルクス『経済学批判』への序言・序説』宮川彰訳、新日本出版社。

（7）『資本論』社会科学研究所訳、新日本出版社。引用では、新書版の分冊とページを示します。

（8）『インタナショナル』不破哲三編、新日本出版社。

（9）『フランスにおける内乱』：『マルクス・エンゲルス全集』第 17 巻、大月書店。

（10）『ゴータ綱領批判』：マルクス／エンゲルス『ゴータ綱領批判／エルフルト綱領批判』後藤洋訳、新日本出版社。

（11）『マルクス、エンゲルス書簡集』（上）不破哲三編、新日本出版社。

2　引用文中の（　）は原文のものです。引用文中の〔　〕は牧野の補足です。邦訳者による〔　〕は省略します。また引用文中の強調（ゴチック）は牧野によるものです。

序章　個人の尊重を社会的協同で

　人間は社会のなかで生きています。一人では生きられません。同時にま
た私たちは、個人として尊重され、個性が発揮できることを願っています。
しかし今日の日本ではきびしい競争が支配し、競争に生き残る「個人の能
力」が強調され、競争に負けるのは「自己責任」だと言われます。このよう
な「競争」や「自己責任」論が、私たちの生活を息苦しいものにしてい
ます。また多くの問題を生んでいます。一人ひとりの人間をありのままに
認め、個人を尊重するためにも、社会的な協同が不可欠です。このことを
考えてみましょう。

1　近代社会の発展と個人の尊重

　古代や中世の社会には、「個人の自立」や「個性の尊重」はありません
でした。人々は、自分が生まれた共同体（村や都市）の制度と一体となっ
た生活をしていました。奴隷や農民の身分なども、支配者の地位や財産も、
親の世代から受け継がれるものでした。

　近代社会になって、商品経済が普及し、資本主義が形成されてはじめて
「個人の自立」や「個性」が意識されるようになりました。商品生産者は
他人の欲求を満たす商品を作り、他の生産者と競争します。資本家はもう
けを増大させるために、自ら事業を起こし、他の資本家と競争します。そ
れぞれが私的に生産しながら社会的な分業をしています。

　資本主義社会では、労働者もそれぞれの職種にみ合った多種多様な能力
が求められます。社会的分業のなかで、政治家・官僚、宗教家、科学者・
技術者、文化人・芸術家などの専門家も生まれました。こうして「個人の

能力」や「個性」が重視されるようになりました。

　資本主義社会の確立にあたって、ヨーロッパでは17〜18世紀に市民革命（イギリス名誉革命、アメリカ独立革命、フランス革命など）がおこなわれました。フランス革命では「自由・平等・友愛」をスローガンにして、資本家・農民・労働者らがたたかって絶対王政をたおしました。市民革命では、自由、平等（身分制の廃止）、所有権などの「自由権」が「人間の権利」（人権）として宣言されました（「権利」は英語では"right"です。「正しいこと」として社会的に承認されたものです）。これらの権利は憲法にも書き込まれました。

　しかし、資本主義社会を支配しているのは、資本の利潤追求であり、大資本の利益を最優先する国家権力です。そのために「個人の能力」も「個性」も資本と国家のために動員されます。そして、労働者の長時間労働による過労死、女性や少数民族への差別、環境破壊、戦争による犠牲などがおこってきました。

　そこで、労働者や国民の運動によって、労働権・生存権・教育権・環境権などの新しい権利が確立されてきました。それらは社会の協同と国家の責任において個人の権利を擁護するものです。その意味で「社会権」と呼ばれます。

　また、第二次世界大戦の悲惨な経験を経て、「世界人権宣言」やドイツの基本法などで「人間の尊厳」がうたわれるようになりました。こうした世界史の流れのなかで、日本では、平和主義、国民主権、「個人の尊重」に基づく人権と民主主義をうたう新しい憲法が成立しました。しかし、今日の日本では憲法が十分に生かされていません。教育と労働の現実から見てみましょう。

2　教育における人間発達と個性の尊重

　まず、現在の日本社会の問題点を教育から考えたいと思います。

　教育は人間の発達をめざす活動です。子どもにはその成長段階にふさわ

しい教育を受ける権利があります。また子どもの発達には早熟か晩熟かの差もあり、各人の発達段階にふさわしい教育が必要です。そのため、各人の到達段階をはかり、教育の効果を確かめるために、テストがおこなわれます。

「公教育」は国民の教育権の実現です。そのために政府が財政を支出します。しかし、資本主義国家では、資本や国家の目的にそった教育内容の強制もおこります。また国家の役に立つ「エリート」を効率的に養成するために、教育に競争が持ち込まれます。

日本では、政府の少ない教育予算で教育の効果をあげるために、きびしい競争が利用されています。日本の公的な教育予算は、ＧＤＰ（国内総生産）比で２.９％であり、これは先進国（ＯＥＣＤ　経済協力開発機構）34 ヵ国中最下位です（表1参照）。また、教員の数が減らされて、日本の教員の労働時間はとびぬけて長くなっています。

競争にテストを利用するために、テストはその本来の目的から離れて、「できる子」と「できない子」とを選別し差別する手段になっています。また中等教育や高等教育への進学のための試験が子どもの選別のために使われ、「受験競争」がきびしくなります。そして、競争を押しつけるために、政府の方針のもとで教育委員会などが学校を管理し、教員も子どもも自由

表1　ＯＥＣＤ加盟国の教育機関への公的支出割合
（2018年度「図表で見る教育」より、2015年度ＧＤＰ比）

ノルウェー	6.3	オランダ	4.3	トルコ	3.8
フィンランド	5.6	イギリス	4.2	ドイツ	3.6
アイスランド	5.5	メキシコ	4.2	スペイン	3.5
ベルギー	5.4	ポルトガル	4.1	ギリシア	3.4
スウェーデン	5.0	韓国	4.1	イタリア	3.3
イスラエル	4.9	アメリカ	4.1	ルクセンブルク	3.3
ニュージーランド	4.7	ポーランド	4.0	ハンガリー	3.2
オーストリア	4.6	エストニア	4.0	チェコ	3.2
フランス	4.5	オーストラリア	4.0	アイルランド	3.1
スイス	4.5	チリ	3.8	**日本**	**2.9**
カナダ	4.4	スロベニア	3.8		
ラトビア	4.3	スロバキア	3.8	平均	4.0

にものをいう権利を奪われています。

　このような日本の教育制度は、国連の「子どもの権利条約委員会」によっても「過度に競争的な性格が子どもの心身の健全な発達に悪影響をもたらし、子どもの最大限の発達の可能性を妨げている」と指摘されています。ここで指摘されている「悪影響」は、子どもや親たちの間での競争意識や、そこからくるストレス、さらに「いじめ」の発生などに現れています。

　さらに、日本では、親の年収の格差が子どもの教育費の格差となり、親の世代の格差が子どもの世代にまで引き継がれる「格差社会」になっています。これでは、「個人の尊重」も「個性の尊重」もできません。これらの現状は、教育の本来の目的に立ち返って、根本的に改善する必要があります。

3　労働者の雇用と資本の支配

　労働の現場にも労働者の競争と分断が持ち込まれています。1995年に日本経営者団体連盟（日経連、その後、日本経済団体連合会に統合）は『新時代の日本的経営』を発表しました。そこでは、「長期蓄積能力活用型グループ」（ひとにぎりの正社員）、「高度専門能力活用型グループ」（少数の専門家）、「雇用柔軟型グループ」（大多数の非正規雇用）という3グループの区分が提唱されました（表2参照）。

　雇用の多様化は、"個性的な多様な働き方を可能にする"という理由づけがおこなわれました。これによって正規雇用が削減され、派遣・パート・アルバイトなどの非正規雇用が大幅に増大しました。また成果主義賃金が導入されて、企業内での競争があおられています。これらは労働者の団結を破壊します。日本では労働組合の組織率は17％に低下しました。大企業は労働者や下請け業者どうしを競争させ、労働者らの「自発性」を強制するなかで、資本の支配を強めてきました。

　その結果、人件費（賃金）が削減されて、大企業の内部留保がますます増大しています。また株主への配当や大企業の役員報酬が増大しています。

序章　個人の尊重を社会的協同で

表2　『新時代の日本的経営』より

	雇用形態	対象	賃金	賞与	退職金・年金	昇進・昇格	福祉施策
長期蓄積能力活用型グループ	期間の定のない雇用契約	管理職・総合職・技能部門の基幹職	月給制か年俸制職能給昇給制度	定率＋業績スライド	ポイント制	役職昇進職能資格昇格	生涯総合施策
高度専門能力活用型グループ	有期雇用契約	専門部門（企画、営業、研究開発など）	年俸制業績給昇給なし	成果配分	なし	業績評価	生活援護施策
雇用柔軟型グループ	有期雇用契約	一般職技能部門販売部門	時間給制職務給昇給なし	定率	なし	上位職務への転換	生活援護施策

　しかし同時に増大したのが、正規雇用労働者を中心とした過労死・過労自殺を生みだすような長時間過密労働と、非正規労働者のワーキングプアです。また成果主義賃金によって職場での協力関係が阻害されています。さらに、若い労働者を「正社員」として大量に採用して、過重なノルマを与えて相互に競争させ、企業の利益をあげさせたうえで退職させる「ブラック企業」も問題になってきました。

　このような現実は、労働者の「個性的な働き方」とは言えません。過労死もワーキングプアもけっして労働者の「自己責任」ではありません。むしろ「企業の社会的責任」と「政府の責任」が問われています。

　『新時代の日本的経営』の作成にかかわった成瀬健生氏も、その後の20年をふり返って、予想した以上に非正規雇用が増大してしまったとして、「非正規の正規化」を主張しています（『朝日新聞』2017年11月5日参照）。日本の現実を社会的な協同と労働者の団結の力で変えていく必要があります。

『朝日新聞』2017年11月5日より

「日本的経営が変化」

平成に入って非正社員は増え続けている

総務省「労働力調査」から。2001年までは2月時点、02年以降は年平均の数字。1999年までは、派遣社員かどうかは聞いていなかった

アベノミクス開始
リーマン・ショック
製造業派遣が解禁
派遣対象業務を原則自由化
山一証券が経営破綻
円高が急伸（一時1ドル＝79円75銭に）

非正社員の割合

（%）50 40 30 20 10

（万人）
2500 2000 1500 1000 500 0

期間従業員など
派遣社員
アルバイト
パート

'89年 91 93 95 97 99 01 03 05 07 09 11 13 15

戦後日本の働き方は、終身雇用と年功序列が一般的だった。それが平成に入り、大きく変わった。

1985年のプラザ合意前は1ドル＝240円台だった円相場は、94年に1ドル＝100円の大台を突破した。日本経済を牽引する製造業の国際競争力は徐々に失われていった。

さらに、山一証券の経営破綻など97年の金融危機の後、大手企業がリストラを進めた。派遣労働者を使える業種はじわじわ広がり、04年には製造業にも解禁された。

厚労省の戸苅利和・元次官は「平成はグローバル化に振り回された時代だ。そのしわ寄せが最も大きかったのが製造業だった」と振り返る。

正社員の雇用を守る「防波堤」だ。正社員と、非正社員を組み合わせる「雇用ポートフォリオ」を打ち出した。

企業に非正社員拡大の「お墨付き」を与えたといわれるのが、95年の日経連（現経団連）の提言「新時代の日本的経営」だ。

提言に関わった成瀬健生氏によると、当時は、89年に19・1%だった非正社員の割合が多くて3割に上がるイメージだったという。だが、16年の割合は37・

5%。アベノミクスでの好景気でも非正規依存を止めない企業に、「人間中心の日本的経営が変わった」と実感する。

提言から20年の節目を迎えた15年の1月。回顧する研究会の打ち上げパーティーで、成瀬氏はこう訴えた。「もし、いま日経連があるなら、今度は非正規の正規化を提言しているだろう」

4　憲法の精神で、個人の尊重を社会的協同で

　日本の現状を変えてゆくための大きな武器は、日本国憲法です。

　日本国憲法は、「すべて国民は、個人として尊重される。生命、自由及び幸福追求に対する国民の権利については、公共の福祉に反しない限り、立法その他の国政の上で、最大の尊重を必要とする」（第13条）とうたっています。

　「個人の尊重」とは、一人ひとりの「人間の尊厳」を実現することです。そのためには、「生命・自由・幸福追求の権利」が、国政のうえで「最大の尊重」をされなければなりません。そして「公共の福祉」とは〝みんなの幸せ〟です。個人の尊重のためには、自分だけの権利や幸福ではなく、みんなの権利と幸福を実現することが必要なのです。日本国憲法は、「個人の尊重」のために、人類が獲得してきた「自由権」、「社会権」、「参政権」、「地方自治」の権利などを体系的に示しています。憲法に書かれていない「プライバシー権」や「環境権」も、「個人の尊重」や「生命・自由・幸福追求の権利」などに基づいて保障されるものです。

　「個人の尊重」を実現するために、「政府の責任」や「企業の社会的責任」を果たすように求めることは、憲法の精神にのっとったものです。

　さらに、日本国憲法は言います。「この憲法が日本国民に保障する基本的人権は、人類の多年にわたる自由獲得の努力の成果であって、これらの権利は、過去幾多の試練に堪へ、現在及び将来の国民に対し、侵すことのできない永久の権利として信託されたものである」（第97条）。

　日本国憲法は、「個人の尊重」に基づく基本的人権は、人類の多年にわたる努力（英訳では〝struggle〟闘い）の成果であることを確認して、それは人権を破壊するような過去幾多の試練に堪えて、現在の国民だけでなく、将来の国民（英訳では〝future generation〟未来の世代）に信託された（信頼して委託された）永遠の権利だというのです。

　私たちは、個人として尊重され、個性を発揮して生きることができるた

めにも、憲法の精神を活かして、労働者として団結し、社会的な協同による たたかいを進めたいものです。

　以上の議論は、カール・マルクスの思想をベースにして、現代の日本の 現状と日本国憲法の意義をとらえたものです。19世紀に活躍したマルクス にすでに、個人の尊重を社会的協同で実現しようという思想がありました。 本書ではこのようなマルクスの思想を紹介したいと思います。

第1章　個人の尊重とマルクス

　日本国憲法の「個人の尊重」の思想は、国連の「世界人権宣言」などでうたわれた「人間の尊厳」と深くかかわっています。そして「人間の尊厳」や「個人の尊重」の思想は近代ヨーロッパで登場し、さらにマルクスによっても展開されたものです。本章では、この「個人の尊厳」とマルクスの思想について考えたいと思います。

1　人間の尊厳、個人の尊重

　世界人権宣言や各国の憲法で「人間の尊厳」がうたわれたのは第二次世界大戦後です。この戦争のなかで、膨大な数の人間が悲惨な死をとげ、生活が破壊され、人間性が破壊されました。このなかで「人間の尊厳」を確立する必要性が認識されました。

　まず、ナチス・ドイツが降伏した直後に連合国によって作成された「国際連合憲章」（1945年6月）は、「基本的人権と人間の尊厳及び価値と、男女及び大小各国の同権とに関する信念」を表明しました。

　1948年12月に国連で採択された「世界人権宣言」はその「前文」で次のように言います「人類社会のすべての構成員の固有の尊厳と、平等にして譲ることのできない権利を承認することは、世界における自由と正義と平和との基礎である」。

　また、ドイツではナチスによる侵略戦争やユダヤ人の大量虐殺がおこなわれました。そして障害者が「生きる価値のない人間」として虐殺されました。この反省のうえに立って、1949年5月に公布された「ドイツ連邦共和国基本法」（ボン憲法）はその第1条で次のように言います。

「（1）人間の尊厳は不可侵である。これを尊重しかつ保護することは、すべての国家権力の義務である。（2）ドイツ国民は、それゆえ、世界における各人間共同社会・平和および正義の基礎として、不可侵のかつ譲渡し得ない人権を認める。（3）以下の基本権は、直接に適用される法として、立法、執行権、裁判を拘束する」。

そして世界人権宣言やドイツ基本法に2年以上先だって、「日本国憲法」（1946年11月公布）はその第13条で次のように言います。

「すべて国民は、個人として尊重される。生命、自由及び幸福追求に対する国民の権利については、公共の福祉に反しない限り、立法その他の国政の上で、最大の尊重を必要とする」。

また第24条では「個人の尊厳と両性の本質的平等」がうたわれています。

世界人権宣言やドイツ基本法のいう「人間の尊厳」と、日本国憲法のいう「個人の尊重」とは基本的に同じことを意味しています。「人間の尊厳」とは、一人ひとりの人間のかけがえのない価値を認め、これを尊重することだからです。

しかし日本国憲法が「個人の尊重」や「個人の尊厳」をうたうことには特別な意味があります。日本では戦前・戦中をつうじて個人がまったく粗末に扱われました。しかも女性は男性に対して従属的な地位にありました。個人は「家」のなかでは家長に従い、家長の許しがなければ結婚もできませんでした。企業で働けば「滅私奉公」をさせられました。戦争になれば国家のために命を捧げなければなりません。日本軍は兵士を砲弾や爆弾などと同じ「消耗品」として扱い、多くの若者が悲惨な死をとげました。また戦争に反対する人々は「治安維持法」によって厳しい弾圧を受け、逮捕・拷問・獄死などによって多くの人が被害をうけました。

こうしたことへの反省から、戦後の日本国憲法では「個人の尊重」が主張されたのです。そして「個人の尊重」を認めることは人間の権利を実現することであることが明示されました。

2　人権の発展と人間の尊厳

　人間の権利の獲得には長い歴史があります。17～18世紀の人権宣言や憲法での人権とは、古い身分制度から解放された平等な人間が、自分の財産をもとにして自由に経済活動・政治活動・精神活動をおこなう権利です。その意味で、「自由・平等・所有権」が人権の中身となりました。

　しかし財産をもたない貧しい農民や労働者は、地主や資本家に従属して苦しい労働を強いられました。税金を払えない貧者にも、すべての女性にも選挙権はありませんでした。ヨーロッパが支配した植民地では人権宣言は適用されませんでした。アメリカの先住民にも黒人奴隷にも人権はありませんでした。19世紀までは、人権とは男性の市民（ブルジョア）のものにすぎなかったのです。

　しかしその後、労働運動の発展や女性の権利の主張、奴隷制の廃止や植民地解放運動などによって、人権は徐々に拡大されました。20世紀の後半には、「すべての人間」の権利として、「自由権」だけでなく「参政権」や「社会権」（労働権・生存権・教育権）も承認されるようになりました。

　また「人間の尊厳」の思想は、すでに西洋近代の哲学者らが主張していました。その代表はドイツのカント（1724～1804）です。カントは、人間は感性的存在者としてさまざまな欲求をもち、幸福を求め、欲望に左右される他律的な存在でありながらも、同時に理性的存在者として自律的に道徳的な判断ができる「人格」だと考えました。このような「人格」は、それ自身が「尊厳」をもつのであって、けっして物件のように「単なる手段」として扱われてはならず、「目的」として尊重されるべきだとされました。カントは、このような「人間の尊厳」の思想をもとにして、「永遠の平和」の思想も提示したのです。

　しかし、「人間の尊厳」が政治的・法的文書で明示されて、「人間の尊厳」と人権とが結びつけられたのは、第二次世界大戦での悲惨な経験を経てからです。「人間の尊厳」や「個人の尊重」には、人間の生命・生活や人間

性の破壊に対する抵抗と抗議の意味が込められています。こうして、「人間の尊厳」や「個人の尊重」は次のことを意味します。

第一に、「人間の尊厳」とは、文字通り「すべての人間」のかけがえのない価値を承認することです。

第二に、「人間の尊厳」を承認することは、人権宣言や憲法が示す人権を実現することです。「人間の尊厳」は人権の根拠であり、人権の実現を要求します。日本国憲法のいう「個人の尊重」も、一人ひとりの人間の尊厳を尊重することを意味します。そして「個人の尊重」が、「生命、自由・幸福追求」という最も基本的で包括的な人権の根拠となるのです。

第三に、「人間の尊厳」や「個人の尊重」は一人ひとりの人間の権利を承認することですが、しかしそれはバラバラな個人の自由や「自己責任」に解消されるものではありません。社会と国家は、国民の自由権・参政権・社会権を実現する義務をもっているのです。

3　マルクスと個人の尊重

次に、人権思想と「個人の尊重」にかかわるマルクスの思想を取りあげたいと思います。マルクスは、「個人の尊重」を大きな歴史的視野から考えました。マルクスは『経済学批判要綱』（1857〜58年）で、人格の依存や独立にかかわる人類史の三段階を論じました（『資本論草稿』①138ページ）。それは次のようなものです。

人類史の三段階

第一段階	前近代社会	人格的な依存関係
第二段階	近代資本主義社会	物件的依存のうえに築かれた人格的独立性
第三段階	将来の共産主義社会	諸個人の普遍的な発達と共同的・社会的生産性のうえに築かれた、自由な個性

第1章　個人の尊重とマルクス

　第一段階は、近代以前（前近代）の社会です。原始共同体においては、人間は共同体のなかでお互いに依存しあって生活をしていました。ここでは階級支配はありませんが、個人が独立して生きることもありませんでした。古代の奴隷制においては、奴隷は奴隷主に従属します。中世の封建制においては、領主は王に服従することによって領地を与えられ、その領地にしばりつけられた農民の労働が領主によって搾取されました。

　このような前近代の社会では、人間が個人として独立し、個人として尊重されることはありませんでした。奴隷主や王や領主でさえ、その「家系」などに依存し、「家系」や「領地」を守るために個人が犠牲になることもありました。マルクスは、このような前近代社会を「人格的な依存関係」の社会だと言います。

　第二段階は、資本主義社会です。ここでは、商品や貨幣や資本という「物件」がものをいいます。資本家はその貨幣によって土地や工場や機械などの生産手段を手に入れ、それを資本として活用し、また労働者を雇って支配できます。労働者は自分の労働力を資本家に商品として売ることによって生活が維持できます。資本家も労働者も、貨幣や資本や商品という「物件」に依存して生きています。

　しかし資本主義社会では、資本家は自由に事業を起こし、労働者を搾取する自由をもちます。労働者は、労働力を商品として売るしかありませんが、独立した「人格」として、職業選択の自由・居住の自由・婚姻の自由など、限られた範囲の自由をもちます。しかも、資本主義社会ではきびしい競争がおこなわれます。ここでは、資本家も労働者もいかに自分の能力を発揮して競争に勝ち抜くかが問われます。このような競争のなかで、個人の能力や個性が重視されます。しかしきびしい競争のなかで、個人が利己主義的になったり、「自己責任」が押しつけられるなど、さまざまな歪みも生じます。

　こうして、資本主義社会では、商品や貨幣や資本に依存した仕方で、しかも歪んだ仕方であっても、個人の能力や個性の発揮が可能になります。

19

マルクスは、このような資本主義社会を「物件的依存のうえに築かれた人格的独立性」の社会だと言います。この資本主義社会において、生産力が発展し、人間の社会関係も複雑になり、人間の欲求が増大し、人間の能力も発達します。マルクスは「第二段階は第三段階を準備する」と言います。

第三段階は、将来の共産主義社会です。マルクスは、以上のような資本主義社会の成果を基礎としながら、労働者が政治的権力を獲得して資本の支配を打破し、生産手段を社会の共同所有にすることによって、将来の共産主義社会が可能になると考えました。

マルクスは、共産主義社会を、「諸個人の普遍的な発達のうえに築かれた、また諸個人が共同的・社会的生産性を諸個人の社会的資産として服属させることのうえに築かれた、自由な個性」の社会だと言います。このマルクスの言葉は難解です。その意味を考えてみましょう。

4 資本主義社会における個人の尊重

資本主義社会では、商品や貨幣や資本に依存した仕方であっても、「個人の自由」や「個人の尊厳」の思想が登場します。それは、近代の人権宣言によって人間の自由・平等の権利が主張されたことにも現れています。また、マルクスが『資本論』で論じたように、労働者の「貧困、労働苦、奴隷状態、無知、野蛮化、道徳的堕落」を改善するために、労働時間の制限や、工場の安全管理、働く子どもの学校教育を工場主に義務づける「工場法」も成立しました。マルクスは「工場法」をイギリスの人権宣言の源流となった「マグナ・カルタ」にたとえました（『資本論』②525）。また「普通選挙権」を求める運動も前進しました。こうして、資本主義社会では労働者階級のたたかいによって、労働者もふくめた「人間の尊厳」や「個人の尊重」を実現する運動が進みます。

しかし、資本主義社会では、資本による労働者の搾取や、大資本による中小資本への支配、資本主義国家による植民地支配、資本主義国家間の戦

争などが起こりました。また資本の支配のもとでの人種差別や民族差別などもおこなわれてきました。資本主義社会では「人間の尊厳」や「個人の尊厳」はしばしば踏みにじられます。

　にもかかわらず、資本主義社会の実際の経済活動をにない、労働組合運動などによって社会的な力をもち、政治的権利も獲得し、精神的にも発達した労働者階級が成長します。マルクスは、この労働者階級の成長こそが資本主義社会を変革する現実の力になると考えました。

5　共産主義社会における個人の尊重

　マルクスは、先に見たように、共産主義社会は、「諸個人の普遍的な発達」のうえに築かれると言います。共産主義社会を築くのは、一人ひとりの人間の自覚的な、しかも社会的に結びついた力です。そして、生産手段を社会の共同所有にし、生産手段の共同の使用によって、人間らしい労働のあり方を実現し、自然と調和した生産力を発展させることが可能になります。そして諸個人は、この社会の生産力を「社会的資産」として、それを諸個人の人間的な発達のために利用できます。同時にまた、資本による労働の搾取がなくなり、働く者の自由時間が増大します。この自由時間は、個人のだれもが自分の個性を自由に発展させるために利用できます。こうして、共産主義社会では「自由な個性」の発達が可能になるとマルクスは言うのです。

　このようなマルクスの思想は、マルクスのさまざまな著作で一貫しています。

　マルクスは『資本論』で、共産主義社会について、「共同的生産手段で労働し、多くの個人の労働力を自覚的に一つの社会的労働力とする、自由な人間たちの連合社会」（①133）と言います。しかもこの「自由な人間たちの連合社会」は、資本主義社会における労働者階級の「団結」や「連合」によって準備されます。

　またマルクスは『資本論』で、資本家が資本蓄積をおこなうために社会

の生産力を発展させることが、共産主義社会を準備すると言います。その
さい共産主義社会は、「個人のだれもが十分に自由に発達することを根本
原理とする、より高度な社会形態」（④ 1016）だとされます。つまり、マ
ルクスにとって、すべての個人の自由な発達が共産主義社会の「根本原理」
です。生産力の発展や生産手段の社会的所有は、この「根本原理」を実現
するための条件であり、手段なのです。

こうして、マルクスの「個人の尊重」を思想に注目することによって、
社会主義・共産主義の思想をより豊かに理解することができます。しかも、
「個人の尊重」は資本主義社会のなかから提起され、その実現のための労
働者階級の運動がおこり、平和と人権や民主主義を発展させるなかから実
現されるものです。

6　マルクスにおける「自由」の意味

マルクスは「個人の自由」や「自由な個性」を重視しました。では、マ
ルクスにとって「自由」とは何を意味するのでしょうか。『ドイツ・イデ
オロギー』や『資本論』の議論から見ておきましょう。

第一に、人間の自由とは、各個人の素質をあらゆる方面に発展させるこ
とができることです。つまり、自由とは、個人の自己実現です。マルクス
はこれを「人格的自由」と呼びます（『ドイツ・イデオロギー』85ページ）。マ
ルクスにおいて、「自由」の実現と「個人の尊重」とは密接にかかわります。
そして、そのような「人格的自由」の実現のためは「社会的自由」が必要
です。

「社会的自由」の1つは「市民的自由」です。近代市民革命では「人権宣言」
が発表されて、市民の「自由」として、言論・出版・思想・信仰などの精
神的自由、権力によって不当に拘束されないという身体的自由、政治活動
の自由、および所有権と経済活動の自由などが主張されました。これらは
「市民的自由」と呼ばれます。

第1章　個人の尊重とマルクス

　第二に、しかし「市民的自由」だけでは、長時間労働や貧困に苦しむ労働者にとって、「人格的自由」の保障にはなりません。そこで、マルクスの時代には、「工場法」による労働時間の制限や、働く子どもの教育や工場の安全管理を、資本家に義務づけることがおこなわれました。労働時間の制限によって労働者は「自由時間」を獲得します。それは、労働者が健康を回復する時間や、労働運動や政治活動をおこなう時間を与えます。さらに精神的発達をとげるための時間も与えます。このように、労働者にとって「自由時間」の重要性を明らかにしたのは、マルクスの大きな功績です。

　そして、「人格的自由」の実現のためには、労働者が獲得した「自由時間」を使って、労働運動や政治運動を発展させて、後に「社会権」と呼ばれる労働権・教育権・生存権などを獲得することが必要です。これらは人間らしい生活を保障する権利ですから、「生存の自由」とも呼ばれます。

　こうして、「人格的自由」の実現のためには、「市民的自由」と「生存の自由」を含む「社会的自由」の獲得が必要なのです。

　第三に、「人格的自由」の本格的な発展のためには、「市民的自由」、「生存の自由」だけでなく、資本家による労働者の支配や搾取を廃止して、真の「平等」を実現することが必要です。また、真に自由で平等な人間関係を実現する「協同社会」が必要です。この問題は、将来社会としての社会主義・共産主義について考える本書の第5章でも取りあげたいと思います。

まとめ

　日本では、2015年に安倍政権が、アメリカの世界戦略のもとで自衛隊が世界中で戦争できるようにする「戦争法」（新安保法制）を強行成立させました。この「戦争法」に対する市民と野党の運動は、立憲主義・平和主義・民主主義を取りもどすことを、日本国憲法の「個人の尊重」や「個人の尊厳」の思想とを結びつけてたたかわれてきました。安倍政権がすすめる大企業優先・アメリカ追従の政策に対しても、日本国憲法の「個人の

尊重」にもとづいて、「だれもが自分らしく暮らせる社会」の確立をめざしてたたかわれています。このようなたたかいにとって、マルクスの思想は重要な指針を与えてくれます。マルクスの思想を学びながら、「すべての人間が個人として尊重される社会」をめざす運動をいっそう発展させたいものです。

第2章　マルクスの世界観——世界は変えられる

第2章　マルクスの世界観——世界は変えられる

　本章では、「個人の尊重」の思想の基礎になっているマルクスの世界観（自然・社会・人間のとらえ方）について考えたいと思います。その核心は「世界は変えられる」ということです。

　カール・マルクス（1818〜1883）は、大学で法学を学びながら、哲学や歴史を熱心に研究しました。そして古代ギリシアの唯物論哲学に関する論文で博士の学位を取得しました。その後、ジャーナリストとして活動するなかで、経済学の研究や社会主義・共産主義の検討の必要性を感じて、その研究を進めました。そしてヨーロッパの1848年の革命運動に参加した後に、亡命先のロンドンで経済学批判の仕事に集中して『資本論』第1巻（1867年）を刊行しました。また国際労働者協会の指導もおこないました。

　マルクスの世界観は、このような理論研究と実践的な活動のなかで形成され、発展しました。本章では、マルクスの唯物論、社会と歴史の唯物論、および労働者階級の発達と社会変革について考えたいと思います。

1　マルクスの「新しい唯物論」

（1）若きマルクスの哲学研究

　マルクスは、ベルリン大学でヘーゲルの弟子である法哲学者のガンスらから学びました。当時、ヘーゲル（1770〜1831）はすでに亡くなっており、「青年ヘーゲル派」によってヘーゲル哲学への批判が起こっていました。マルクスは、ヘーゲル哲学を深く学ぶと同時に、ヘーゲルの観念論的な体系の後に来る、新しい哲学のあり方を模索しました。

　そこでマルクスは、古代ギリシアのプラトンやアリストテレスの観念論

25

哲学の体系の後に登場した、エピクロスに注目して、その研究をおこないました。その成果が、イェーナ大学に提出した学位論文「デモクリトスとエピクロスの自然哲学の差異」(1841年) です。デモクリトス (紀元前5～4世紀) もエピクロス (紀元前4～3世紀) も「原子 (アトム)」を世界の根源ととらえる唯物論ですが、マルクスは前者から後者へは重要な発展があることを論じました。こうして、マルクスは古代哲学の観念論にも唯物論にも精通することになりました。

　マルクスは大学卒業後、「青年ヘーゲル派」の進歩的な哲学者がボン大学を退職させられている状況で、大学への就職はあきらめました。そして『ライン新聞』協力しその編集者となりました。マルクスはそのなかでさまざまな経済問題に突き当たりました。それは、農民が森の枯れ枝を集めることを「木材窃盗」だとする法律や、貧困な農民の問題、自由貿易と保護貿易などの問題です。またマルクスはフランスから入ってくる社会主義・共産主義の未熟な思想にも出会いました。そしてそれらの研究の必要を感じました。彼は『ライン新聞』にプロイセン政府から発行禁止の圧力が加えられたことを機に、『ライン新聞』を退職して、まずヘーゲルの社会哲学である『法の哲学』の研究に取り組みました。その結果、資本主義社会の解剖学は経済学であると考えて、パリで経済学の研究に没頭しました。その成果が『経済学・哲学草稿』(1844年) などのパリ草稿です。

　ここでは、人間は労働によって人間らしさを失うという「疎外された労働」についての議論を見ておきたいと思います。

(2)「疎外された労働」とプロレタリアート

　マルクスは、アダム・スミスらの国民経済学を熱心に研究するなかで、資本主義における労働の問題点を明らかにしました。

　資本主義のもとでは、生産手段 (土地、工場、機械など) の所有者 (地主や資本家) と、労働者とが分離されています。労働者は自分の生産手段を持たないために、資本家のもとで働いて賃金を受け取ります。マルクス

は、この仕組みから「労働の疎外」が起こると言います。それは、労働者が自分でおこなう労働であるにもかかわらず、労働の内容やその成果が自分とは疎遠なものになり、自分と対立するということです。そして労働者は労働によって人間性を発達させるどころか、むしろ人間らしさを失うというのです。

労働の疎外の第一は、「生産物からの疎外」です。労働者の労働の生産物はけっして自分のものにはなりません。労働の生産物はすべて資本家の所有物になり、労働者には安い賃金が与えられるだけです。労働者は、自分のエネルギーが生産物に吸い取られてしまい、働けば働くほど貧しくなります。

第二は、「労働そのものからの疎外」です。労働は生きるための手段にすぎません。雇われておこなう労働はけっして自発的なものではなく、強制された労働です。労働は他人に従属したものです。分業が進んで機械も導入されると、労働が部分化し労働者も機械の一部になります。こうして労働はまったくの苦痛となります。

第三は、「人間の類的本質（人類がもっている人間らしさ）からの疎外」です。マルクスは「自由な意識的活動」が人間の「類的性格」（人類としてもっている性格）だと言います。すでに人類は「自由な意識的活動」によって文化を形成し学問・芸術を発展させています。機械の発明などもおこなわれています。しかしそれは一部の人間の活動にすぎません。多くの労働者にとって、労働は「自由な意識的活動」ではありません。むしろ労働者は、苦しい労働によって肉体的にも精神的にも荒廃し、人間らしさを失うのです。

第四は、「人間の人間からの疎外」です。労働者と資本家との階級対立が起こります。また競争によって、人間どうしが協力しあう共同性が破壊されます。こうして人間どうしの敵対が資本主義社会の特徴となるのです。

若きマルクスは、まだ資本による労働の「搾取」のしくみの解明などはできていませんでした。しかし彼は、「労働の疎外」をとらえるだけでなく、

パリでフランス人やドイツ人の労働者と交流するなかで、労働者階級（プロレタリアート）こそが自らを解放する力をもっていることを確信しました。そして、労働者の解放のための理論を探究することをみずからの研究課題とし、そのための社会理論の形成に取り組みました。

このような研究を通じて、マルクスは「青年ヘーゲル派」の議論を批判的に乗り越えるなかで、近代哲学の観念論と唯物論のたたかいの歴史も詳しく論じました（マルクス・エンゲルス『聖家族』1845年）。

マルクスは、以上の研究成果をふまえて、「フォイエルバッハにかんするテーゼ」（1845年）を書きました。フォイエルバッハ（1804～1872）は、マルクスに影響を与えた先輩の唯物論者です。マルクスはフォイエルバッハも含めて「古い唯物論」を批判しながら、また観念論との対決も意識しながら、11の「テーゼ」（簡潔な主張）によって自らの「新しい唯物論」を提唱するのです。

（3）「新しい唯物論」の特徴

マルクスは「フォイエルバッハにかんするテーゼ」において「新しい唯物論」の主張を、大変凝縮された言葉で表現しました。この11のテーゼは、マルクスのそれまでの研究をふまえたものです。この哲学には次のような特徴があります（以下では「テーゼ」の番号を示します）。

第一に、マルクスは「古い唯物論」を批判します。「唯物論」とは「物質」を世界の根源としてとらえる哲学です。古い唯物論は、現実の世界（自然や社会）を目の前の「客体」として「観察」することにとどまりました。マルクスは、そこに古い唯物論の欠陥があると言います。人間は自然の一部であり、また社会のなかで生きており、このような自然や社会を「客体」としてありのままに「観察」することが必要ですが、しかしそれだけでなく、人間は「主体」として自然や社会と実践的にかかわります。人間は、労働によって自然を変え、社会的実践によって社会を形成しています。つまり現実の世界は、人間の主体的な「実践」によってつくられ、変えられるの

です。これがマルクスの主張です（テーゼ1）。

また観念論（とりわけ、カントからヘーゲルにいたるドイツ観念論）は、確かに人間の能動性を主張しますが、しかしそれは意識や精神の能動性を強調するだけです。人間は、現実をつくり変える現実の労働や社会的実践によってこそ活動性を発揮するのです（テーゼ1）。

第二に、人間が思考によってつくり出す理論もまた、実践によってその真理性が、つまり認識と対象との合致が、証明されなければなりません。そして、実践こそが「知は力」であることを証明するのです（テーゼ2）。

人間の感覚もまた労働や社会的実践によって豊かになります。マルクスはすでに「五感の形成はいままでの全世界史の労作である」（『経済学・哲学草稿』140ページ）と言っていました。人間の感覚をはじめとした意識も社会や歴史がつくり出すものです。

しかも人間は、自分の周囲の環境によって作られるだけではありません。人間は、環境を変えることによって自分自身をつくり変えるのです。マルクスは、「環境の変化」と「人間の自己変革」との合致は、「革命的実践」としてとらえることができると言います（テーゼ3）。

そして、人間は社会的な存在です。マルクスは「人間の本質は、その現実のあり方においては、社会的諸関係の総体である」（テーゼ6）と言います。人間とは何かを問い、その本質を問題にする場合も、その現実のあり方は、家族・市民社会・国家という社会的諸関係の総体のなかでこそ理解できるのです。

しかも人間は、社会によってつくられるだけでなく、社会をつくり、それを変える実践的な存在です。マルクスは「すべての社会生活は本質的に実践的である」（テーゼ8）と言います。

フォイエルバッハは、宗教の本質を人間の本質から理解しました。つまり、人間は人間の「理性・意志・心情」をもとにして、これを絶対化して"全知・全能・愛"の神をつくったのです。そのことによって、かえって人間は無力な者として神に依存し、主体性を失ってしまうのです。これが人間の「宗

教的な自己疎外」です。マルクスはフォイエルバッハのこの宗教批判の業績を認めます（テーゼ4）。しかし、フォイエルバッハは、そのような宗教的な自己疎外を生む現実社会の問題をとらえなかったのです（テーゼ7）。

（4）新しい唯物論の立場は「人間的社会」

第三に、「古い唯物論」は、封建制や絶対王政を批判しましたが、ブルジョア社会（資本主義社会）を肯定的にとらえました。権力者や富者の横暴や腐敗を批判したり、民衆の貧困などを論じても、その改良を主張するだけでした。マルクスは「古い唯物論の立場はブルジョア社会である」（テーゼ10）と言います。それにたいして、マルクスの「新しい唯物論」は、ブルジョア社会が階級（資本家と労働者）に分裂していることをとらえ、労働者自身による根本的な変革を主張します。

そしてマルクスは、「ブルジョア社会」に代わる「人間的社会」の形成を主張します。マルクスは、「新しい唯物論の立場は、人間的社会であり、社会的人類である」（テーゼ10）と言います。この「人間的社会」とは、社会主義・共産主義の社会を意味します。共産主義について、マルクスは『経済学・哲学草稿』では「人間による人間のための人間的本質の現実的獲得としての共産主義」（140ページ）と表現しました。それは、ブルジョア社会を変革する現実な運動によって「人間的社会」の実現を探究することです。また「社会的人類」とは社会的に協同し連帯した人類のあり方を意味します。人間らしさ（人間の本質）を現実に獲得するような「人間的社会」や「社会的人類」の実現こそが「新しい唯物論」の立場なのです。

こうして、「フォイエルバッハにかんするテーゼ」の最後でマルクスは言います。「哲学者たちは世界をさまざまに解釈したにすぎない。肝心なことは世界を変革することである」（テーゼ11）。これが「テーゼ」全体の結論です。この結論は「テーゼ」全体の内容をふまえて主張されたものです。旧来の「世界の解釈」だけにとどまる哲学を批判して、マルクスは「世界の変革」を理論的に把握する新しい哲学を主張します。こうして、マル

クスの「新しい唯物論」は「世界の変革」の哲学として成立したのです。

2　社会と歴史についての唯物論

　マルクスは、「フォイエルバッハにかんするテーゼ」を書いた後に、エンゲルスと共同で『ドイツ・イデオロギー』（1845 ～ 46年）や『共産党宣言』（1848年）を執筆しました。また、1848年の革命運動の後に1849年にロンドンに亡命し、1850年以降の経済学研究の成果として、『経済学批判』（1859年）を出版し、その「序言」を書きました。これらの著作で、マルクスは、社会や歴史を唯物論的にとらえる世界観、つまり「史的唯物論」を確立しました。

　旧来の唯物論は、自然については唯物論的にとらえましたが、意識をもった人間がつくる社会や歴史について唯物論を徹底させることができませんでした。マルクスは「新しい唯物論」の立場から、人間が労働や社会的実践によって現実の社会をつくっているととらえます。つまり、人間の主体的実践をとらえる「新しい唯物論」は、労働や社会的実践という現実的な人間の活動を基礎にして、社会や歴史を唯物論的にとらえることができるのです。この理論は「史的唯物論」と呼ばれます。ここでは自然の物質だけでなく、人間や社会もまた「物質」ととらえられます。つまり「物質」とは、哲学の概念としては、「現実の存在」を意味します。マルクスが「物質的」という場合も、自然の物質だけでなく社会や人間を含めて理解することが必要です。

（1）現実的な生活過程と社会の構造
　マルクスは史的唯物論において、人間の「現実的な生活過程」を出発点とします。現実的な生活過程とは、人間が社会的な集団の力で「生活手段」（食料・衣服・住居など）を生産することによって、人間生活を社会的に生産することです。つまり、生産とは「生活の生産」なのです。また人間

は、土地を開墾して農牧地をつくったり労働用具をつくるなど、「生産手段」も生産します。このような生産や消費とともに人間の欲求も増大して、生産活動が発展します。また人間は繁殖によって人間そのものを生産し、家族をつくり、社会的な集団生活を発展させます。

　このような「人間生活の社会的生産」において、人間は人間と人間との関係をつくります。この生産における人間関係を、マルクスは「生産関係」と呼びます。生産関係は、人類の長い歴史のなかで、原始共同体・奴隷制・封建制・資本制のように変化してきました。マルクスは、「生産関係」を変化させ発展させる基礎に、社会の「生産力」の発展があると考えます。

　「生産力」とは、人間が自然の資源やエネルギーを利用しながら、人間に必要なものを生産する力です。マルクスは『資本論』で、労働を「人間と自然との物質代謝」（人間が自然から必要な物質を取り入れ、消費して廃棄すること）を媒介し、規制し、制御する過程だと言います（②304）。この表現を使うと、「生産力」とは、「人間と自然との物質代謝」を人間が媒介し、規制し、制御する社会的な力です。人間は、各時代の「生産力の発展段階」に対応して、生産力をいっそう発展させるような「生産関係」をつくってきたのです。それを具体的に見ておきましょう。

　原始共同体では、生産力が低いために、共同体のだれもが労働しました。しかし生産力が発展すると、一部の人間が労働から解放されて、政治や宗教や労働の指揮などをおこないます。

　古代の時代では人間が最大の生産力です。大量の人間を奴隷として支配するための「国家」ができます。こうして生産力が高まり、古代文明が栄えました。しかし、奴隷の抵抗や反乱によって古代社会は崩壊に向かいました。

　中世の時代では、王が領主に領地を与え、領主は農民を土地に縛りつけて農業などを発展させました。その成果を王や領主が年貢として搾取します。王や貴族や、自由な商取引を許された商人らは富裕になりましたが、農民は貧困に苦しみました。ここから農民の一揆や反乱などが頻発します。

それをおさえるために、王が強力な権力によって専制的な支配をおこなう「絶対王政」が成立します。そのもとで、国内外の富を蓄えた貴族や商人らがしだいに資本家になり、農地を失った農民が労働者になっていきます。

こうして力をもった資本家たちが、農民や労働者らを従えて、「絶対王政」をくつがえす「市民革命」をおこないました。こうして近代的な国家がつくられ、資本主義経済が発展しました。

このような歴史において、その社会の「生産力」の発展段階に対応した「生産関係」の総体が、社会の「経済的構造」を形成します。これが社会の「土台」となって、その上に「法律的・政治的な上部構造」として「国家」がそびえ立ちます。「国家」とは、支配階級が法律や強制力によって社会を支配する機関です。また社会の「土台」に対応して、「社会的意識の諸形態」が形成されます。社会的意識にはさまざまな形態があります。宗教・芸術・社会思想・哲学などのように、まとまった思想をなしているものを「イデオロギー」と言います。教会、学校、新聞などのメディアは、イデオロギーを形成する重要な機関です。このように、経済的構造という「土

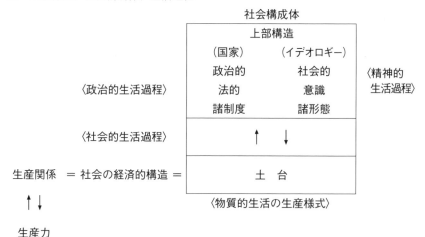

図　生産様式、社会構成体、生活過程

台」と、法律・政治と社会的意識諸形態という「上部構造」とが、社会の構造的な仕組みである「社会構成体」を形成します。

　そして、物質的生活の生産様式、つまり経済生活のあり方が、社会集団による社会的な生活過程や、政治的生活過程、および精神的生活過程を制約します。「生活過程」とは、先にも見たように、人間の生活を生産する過程です。土台と上部構造という「社会構造」は、物質的生活の生産を基礎にした、社会的・政治的・精神的な「生活過程」によって形成されているのです（図参照）。

　ここから、マルクスは、「人間の意識がその存在を規定するのではなく、逆に、人間の社会的存在がその意識を規定する」（『経済学批判』「序言」14ページ）と言います。人間は、意識をもって労働し、経済活動をおこないます。しかしその意識は、経済の仕組みなどの社会的存在によって規定されます。また社会的・政治的・精神的生活過程は、物質的な生産様式（奴隷制・封建制・資本制）によって制約され、規定されるのです。ここにも唯物論の原則が生きています。

（2）　人権の根拠は社会の現実にある

　このような社会の仕組みから、近代社会における「生命、自由、平等、所有権」などの人権の根拠が理解できます。つまり、商品経済が発展し資本主義経済が形成されると、自由な商取引が重要になります。特定の人間だけが特権をもつ封建的な身分制や、農民を土地に縛りつける制度は自由な経済活動を妨げます。ここから、「自由」が主張され、封建的な身分制の否定としての「平等」が主張され、労働をになう人間の「生命」の権利が主張されました。そして土地や商品に対する「所有権」が主張されました。

　もっとも、17〜18世紀には、人権は、「天賦の人権」として神から与えられたものであるとか、人間が生まれながらにもっている「自然権」であると主張されました。しかし、マルクスは、商品経済と資本主義社会の形成という現実的な根拠から「生命・自由・平等・所有権」の意味を明らか

にしたのです。

　そして、市民革命において「生命・自由・平等・所有権」という「人権」が宣言され、憲法にも明記されて法的な権利にもなりました。こうして人権は、人間が現実の経済活動を基礎にして主張して、市民革命のたたかいによって勝ち取ったものです。また、市民革命では、資本家は農民や労働者と協力する必要がありましたから、フランス革命では「自由・平等・友愛」というスローガンも掲げられました。

　しかも、近代の人権の中心は「所有権」です。「フランス人権宣言」は「所有権は神聖不可侵である」（第17条）と言います。しかし「所有権」には重大な意味があります。それは、土地や工場や機械や原材料などの「生産手段」を所有する者（資本家）は、生産手段を所有しない者（労働者）の労働を支配できるということです。「所有権」とは生産手段という物を支配する権利であるだけではなく、他人の労働を支配する権利でもあるのです。これが「所有権」の本質です。

　ここから、「生命、自由、平等、所有権」という人権や「自由・平等・友愛」というスローガンとは裏腹に、現実には過度労働による「生命の喪失」や、強制された「不自由」な労働や長時間労働による「自由時間の剥奪」、富と貧困との「不平等」、労働者にとっての「非所有」、そして資本家と労働者との「対立」などが起こってきました。マルクスは、この問題を『資本論』で詳しく解明しました。

（3）生産力と生産関係の矛盾と社会革命

　マルクスは、以上のような社会の仕組みとともに、社会の変革を論じます。

　「社会の物質的生産力」は、その発展のある段階で、それまでそれらがその内部で運動してきた既存の「生産関係」と矛盾するようになります。古い生産関係は生産力を発展させるどころか、生産力の桎梏（桎は足かせ、梏は手かせ）となります。マルクスはエンゲルスとともに、生産力が「破壊力」になると言います（『ドイツ・イデオロギー』49ページなど）。また『共産党宣言』

（1848年）では次のように表現されます。

　「ブルジョアジーは、100年足らずの階級支配のあいだに、すべての過去の世代を合わせたよりも、いっそう大量かつ巨大な生産力をつくりだした。自然力の征服、機械設備、工業および農業への化学の利用、汽船航海、鉄道、電信……」（57ページ）。つまり資本主義的生産関係が生産力を発展させたのです。

　しかし、「ブルジョア社会は、自分が魔法で呼び出した地下の魔力をもはや制御することができなくなった魔法使いに似ている。……商業恐慌においては、生産された生産物だけでなく、すでにつくり出された生産諸力さえも、その大部分が規則的に破壊される」（58ページ）。

　生産力を発展させてきた生産関係が、生産力を発展させるどころか、むしろ生産力を破壊します。生産関係はもはや生産力の「桎梏」に一変します。生産力の破壊は、人間の労働力の破壊としても、自然破壊としても、経済恐慌の勃発による資本の破壊としても進行します。

　マルクスは、このような「生産力と生産関係との矛盾」が「社会革命」の時期を示すと言います。この「社会革命」においては、「経済的基礎が変化するにつれて、巨大な上部構造の全体が、徐々にせよ急激にせよ、くつがえる」（『経済学批判』「序言」14ページ）とされます。しかし、経済的基礎の変革だけでは「社会革命」は起こりません。

　マルクスは続けて言います。「このような変革を考察するにあたっては、経済的な生産条件における自然科学的な正確さで確認できる物質的な変革と、人間がこの衝突を意識し、この衝突を闘って決着をつける場となる、法律、政治、宗教、芸術、または哲学の諸形態、簡単に言えばイデオロギー的諸形態とを、つねに区別しなければならない」（同14〜15ページ）。

　ここで、経済的な生産条件における「衝突」とは、経済における階級闘争です。この衝突を意識してたたかわれる法律的・政治的上部構造や、宗教や芸術や哲学というイデオロギーが「闘って決着をつける」場となるのです*。こうして、社会全体を変革する「社会革命」が実現されます。

＊　『経済学批判』「序言」では、「階級闘争」という言葉は使われていません。しか
　　しマルクスは「衝突」や「敵対」を言い、「闘って決着をつける」と言います。
　　これらは明らかに階級闘争を意味します。マルクスは、当時の「ブルジョア経
　　済学者」も「ブルジョア歴史学者」も「階級闘争」を論じていたと言います（1852
　　年３月５日ヴァイデマイヤーへの手紙『書簡選集』上、57ページ）。マルクスは、
　　階級闘争の根拠となる「生産関係」や「所有関係」を明らかにすることに彼の
　　独創性があると考えて、あえて「階級闘争」という言葉を使わなかったと考え
　　られます。

（4）社会革命の物質的条件

　また、マルクスは社会革命の条件について次のように言います。

　「一つの社会構成体は、すべての生産力がその中ではもう発展の余地が
ないほどに発展しきらないうちは、けっして没落することはない」（同15ペー
ジ）。

　つまり、古い生産関係がもはや生産力を発展させることができず、生産
力の発展の余地がなくなることによってはじめて、これを変革する社会革
命がおこるのです。

　さらに続けてマルクスは言います。

　「また、新しいさらに高度の生産関係は、その物質的な存在諸条件が古
い社会の胎内で孵化しきらないうちは、けっして古いものに取って代わる
ことはない。だから人類はつねに、みずからが解決できる課題だけをみず
からに提起する。というのは、やや立ち入ってみると、常にわかることだが、
課題そのものが生まれるのは、その解決の条件がすでに存在するか、また
は少なくともそれらが生成の過程にあることが把握される場合だけだから
である」（同）。

　つまり、新しい高度な生産関係をつくる「物質的存在条件」が形成され
てはじめて社会革命はおこるのです。

　では、この「物質的存在条件」とは何でしょうか。古い生産関係のもと
では生産力はもう発展の余地はないのですから、そこまで発展した生産力

は社会革命の基礎ではあっても、社会革命と新しい生産関係の「物質的存在条件」ではありません。ここで「物質的条件」ないし「物質的存在条件」には社会や人間が含まれることに注意が必要です＊。

＊ マルクスはここで、社会変革の「客観的条件」と「主体的条件」とを区別した表現をしていません。マルクスの言う社会変革の「物質的条件」には"現実的な条件"として「客観的条件」も「主体的条件」も含まれるのです。

そこで、たとえば封建制から資本制への変革を考えてみましょう。マルクスは『資本論』第1巻で、資本の「本源的蓄積」を明らかにしました。それによれば、ヨーロッパ国内外の莫大な富が貴族や大商人らによって独占されて、彼らが資本家になりました。他方では、土地を奪われた農民たちが都市に集まって無産の労働者になっていきました。こうして、資本家と労働者の階級が形成されたのです。これが「資本と資本に照応する生産様式の前史」（④ 1224）であるとマルクスは言います。つまり、新しい生産関係をになう階級の形成が新しい社会をつくる「物質的存在条件」なのです。そこには国内外の富の独占など、文字通りの「物質的」な条件も含まれますが、新しい生産関係をになう階級の形成が、新しい生産関係の重要な「物質的存在条件」です。こうして成長した資本家階級（ブルジョアジー）が主役となって、資本主義的生産関係をつくり、さらには「市民革命（ブルジョア革命）」によって、資本主義にふさわしい近代国家をつくったのです。

ここから、マルクスは「人類はつねに、みずからが解決できる課題だけをみずからに提起する」と言います。つまり、「人類」はその歴史の発展段階で、古い社会を変革して、新しい社会を形成することを「みずからの課題」とする新しい階級を生みだすのであって、この新しい階級はみずからが解決できる課題をみずからに提起するのです。マルクスは、人類の歴史はこのようにして発展してきたと言います。資本主義社会を変革するという歴史的課題とその「物質的存在条件」については、少し後で考えたい

と思います。

（5）世界史の発展とブルジョア社会の位置

マルクスは、以上のような社会の構造とその変革の条件を明らかにしたうえで、世界史の発展について次のように述べました。

「大づかみに言って、アジア的、古典古代的、封建的、および近代ブルジョア的生産様式が、経済的社会構成体の進歩していく諸時期として特徴づけられよう」（『経済学批判』「序言」15～16ページ）。

ここでは、世界史が、アジアの原始共同体と、それをまるごと従属させた古代アジアの奴隷制、ヨーロッパ人が「古典古代」＊と呼ぶ古代ギリシア・ローマの奴隷制、ヨーロッパ中世の封建制、および西ヨーロッパから成立した近代ブルジョア社会への発展が、「生産様式」の発展として論じられます。

＊　マルクス自身も古代のアテネやローマを「古典古代世界」と呼んでいます（『資本論』① 140）。

この時代区分は、世界史の典型的な地域の名称を使った、きわめて「大づかみ」なものです。各国のより詳しい時代区分のためには具体的な歴史研究が必要です。マルクスが最も主張したいことは、「生産様式」の発展が、経済にもとづく社会構成体（経済的社会構成体）の進歩していく時代を示すということです。

マルクスは、続いて次のように言います。

「ブルジョア的生産関係は、社会的生産過程の最後の敵対的形態である。敵対的というのは、個人的な敵対という意味ではなく、諸個人の社会的生活諸条件から生じる敵対という意味である。」（同16ページ）。

つまり、この「敵対」とは階級的な敵対を意味します。したがって、ブルジョア社会は階級的な敵対をもつ最後の社会形態だということです。それは、ブルジョア社会が、階級的な敵対を根本的に解決する条件を生みだ

すということです。マルクスは次のように言います。

「しかしブルジョア社会の胎内で発展しつつある生産力は、同時にこの敵対を解決するための物質的諸条件をつくりだす。それゆえ、この社会構成体をもって人間的社会の前史は終わる」（同）。

ブルジョア社会の「敵対」とは、資本家と労働者との階級対立や階級闘争です。マルクスは、ブルジョア社会のなかから発展する「生産力」が、この敵対を解決する「物質的諸条件」をつくり出すと言うのです。では、この「物質的諸条件」とは何でしょうか。このことは、『資本論』によって明らかにされました。そこで、資本主義社会がもっている矛盾から、資本主義社会を変革する「物質的諸条件」がどのようにして形成されるか、その要点を見ておきたいと思います（より詳しくは、本書第4章、第5章を見てください）。

3　資本主義社会の矛盾と将来社会

（1）資本主義社会の矛盾と変革の物質的条件

マルクスによれば、資本主義社会は次のような矛盾をもっています。

第一に、資本の利潤（剰余価値）は、労働者の労働を搾取することによって得られます。そのため、賃金や労働時間をめぐって資本家と労働者との階級闘争がおこります。労働者は労働組合をつくり、ストライキもおこなって、労働条件の改善を勝ち取ります。とりわけ19世紀イギリスの「工場法」は、労働時間を法律によって厳しく制限するなどの成果を勝ち取りました。ここで得られた自由時間によって、労働運動も発展します。

第二に、資本がその富を蓄積すればするほど、労働者の貧困が深刻になります。つまり、格差と貧困が増大します。マルクスは、「資本の蓄積」は、労働者の「貧困、労働苦、奴隷状態、無知、野蛮化、道徳的頹廃の蓄積」であると述べました（④1108）。実際に、若い労働者の早死にや、多くの労働者の過労死がおこりました。当時は8歳の子どもも工場で働いていた

ため、教育も受けられず、「無知、野蛮化、道徳的頹廃」もおこりました。これらは、資本の横暴による人間破壊です。先の「工場法」は、工場で働く子どもの学校教育も資本家に義務づけました。

　第三に、資本主義における「生産力と生産関係との矛盾」が明瞭な姿で現れます。「資本の生産力」による労働者の人間破壊だけでなく、自然破壊もおこります。資本の活動によって「人間と自然との物質代謝」が撹乱されて、都市の環境破壊、農地の荒廃、資源の乱獲による自然破壊などがおこります。また、資本による過剰生産が原因となって、経済恐慌が周期的に勃発します。こうして、資本主義の限界が明らかになります。

　第四に、土地や工場や機械などの生産手段を労働者が共同で使用し、また多くの労働者が協力しあう「協業」が進みます。これが生産力を高めます。しかしその成果は、生産手段を私的に所有する資本家が独占します。これは、生産がますます社会的なものになる「生産の社会化」と、その成果を資本家が独占する「資本主義的私的所有」との矛盾です。マルクスは、生産手段を資本家が独占することをやめて、社会的所有にすれば、生産者が共に働き、その成果を一定の基準で（たとえば各人の労働に応じて）、共に分けあう仕組みができると考えます。

　第五に、労働者階級は、生産の社会化によって生産力の発展をにない、経済活動を支えるだけでなく、労働運動などによって社会的な力を増大させます。そして資本主義の発展のためにも労働者の学校教育が必要になり、また労働者が自主的に学び合って、精神的にも成長します。さらに、労働者は、普通選挙権の獲得や民主主義の発展によって、政治的にも成長します。このような労働者階級と、資本の支配をあくまでも貫こうとする資本家階級とが、国家の政策やイデオロギーをめぐっても衝突します。

　そして、以上のような矛盾を解決するのは、労働者階級の経済的・社会的・政治的・精神的な成長です。労働者階級の成長にマルクスは大きな期待をかけました。つまり、資本主義社会を変革する「物質的条件」とは、資本主義のもとで、生産力の発展、生産の社会化、民主主義の発展などに

よって、経済的・社会的・政治的・精神的に発達する労働者階級なのです。そしてこれが新しい社会を準備するのです。

（2）「人間的社会」としての共産主義

マルクスは、先に見たように『経済学批判』「序言」で、「この社会構成体〔ブルジョア社会〕をもって人間的社会の前史は終わる」と言います。その意味を考えておきましょう。

マルクスはすでに「フォイエルバッハにかんするテーゼ」で、「古い唯物論」の立場が「ブルジョア社会」であるのに対して、「新しい唯物論」の立場は「人間的社会」であると述べていました。また『経済学・哲学草稿』では「人間による人間のため人間的本質の現実的獲得としての共産主義」を論じました。つまり、マルクスは「人間的社会」という言葉で「共産主義社会」を意味しています。『経済学批判』の「序言」でも「人間的社会」という言葉で共産主義社会を表現していると考えてよいでしょう。

そして、ブルジョア社会でもって、「人間的社会」としての共産主義社会の「前史」は終わるというのです。先に見た、資本の「本源的蓄積」をマルクスは資本主義的生産様式の「前史」だと言っています（① 1224）。つまり、「本源的蓄積」が資本主義社会の「前史」になったように、資本主義社会（ブルジョア社会）が「人間的社会」（共産主義社会）の「前史」になるのです。こうして、ブルジョア社会がその未来の社会を準備するのです*。

　　＊　ここでマルクスは「本史」という言葉は使っていません。「本史」という言葉は日本でつくられたものです。それは、「人間社会」（人類社会）の「前史」（前の部分の歴史、前座の歴史）が終わって「本史」（真の歴史＝共産主義社会）が始まると理解してつくられた言葉です。しかしマルクスは、資本主義社会が「人間的社会」（＝共産主義社会）を準備する「前史」（以前の歴史）になると言っているのです。

第2章　マルクスの世界観─世界は変えられる

　未来社会は確かに「未だ来らぬ社会」ですが、しかし現在社会のなかで準備されて「将に来らんとする社会」です。つまり、共産主義社会は未来社会であるとともに将来社会なのです。

　共産主義社会の「土台」は、生産手段の「社会的所有」による平等な生産関係の実現です。この平等な生産関係においてこそ、共に生産し共に分けあう「共同社会（コミューン）」を実現することができます。その意味で「社会主義社会」と「共産主義社会」とは同じものです。同時に、生産手段の社会的所有や共同の生産などは、あくまでも社会主義・共産主義の社会の「土台」です。その土台の上に社会全体が成立します。

　そしてマルクスは、社会主義・共産主義社会の全体の「根本原理」について、『資本論』のなかで次のように言います。すなわち、それは、「個人のだれもが十分に自由に発達することを根本原理とする、より高度な社会形態」（④1016）です。つまり、個人の十分で自由な発達が将来社会の根本原理なのです。同様に『共産党宣言』では、共産主義社会が「各人の自由な発達が万人の自由な発達の条件である協同社会」（86ページ）と表現されました。

　資本主義社会のなかから経済的・社会的・政治的・精神的に成長する労働者階級が、資本主義社会を変革し、こうして形成される社会主義・共産主義の社会においてこそ、個人の十分で自由な発達が実現できる。これが、「世界の変革」を提唱するマルクスの世界観の重要な内容です。

43

第3章 『資本論』と変革の哲学

　若きマルクスは「哲学者は世界をさまざまに解釈したにすぎない。肝心なことは世界を変革することである」と言いました。この「世界の変革」を提唱する哲学が『資本論』にも貫かれています。『資本論』第1巻初版出版（1867年）以来150年が過ぎましたが、その魅力と生命力の一つは「変革の哲学」に貫かれていることにあります。この「変革の哲学」という視点から『資本論』について考えたいと思います。

1　資本主義社会の法則の解明

　まず『資本論』の「初版への序言」から見ていきます。マルクスは、『資本論』の研究対象について次のように言います。

　「私がこの著作で研究しなければならないのは、資本主義的生産様式と、これに照応する生産関係および交通関係である」（①9）。

　つまり、資本が主体となっておこなわれている資本主義的な「生産様式」（生産の仕方）と、そこでの資本主義的な「生産関係」である資本家と労働者との関係が研究されます。さらに、「交通関係」とは"交易、交流、交渉"などの関係です。つまり、それには商品交換や契約関係などの経済的関係だけでなく、労働運動などの社会的関係、政治的・法的関係、精神的関係、さらに労働者の家族の関係なども含まれます。

　マルクスの時代には、資本主義的生産様式の典型はイギリスでした。そこでは労働者の貧困、労働苦、過度労働による死亡（過労死）などが問題になりました。その現状をマルクスは『資本論』のなかで詳しく描きます。そこでマルクスは、「序言」であらかじめドイツの労働者に対して次のよ

うに言います。ドイツではまだ資本主義は未発展なので、これほどひどい
ことはないと思われるかもしれない。しかし資本主義である限りドイツで
もいずれ同じことが起こるだろう。この意味で、マルクスは「おまえのこ
とを言っているのだぞ！」というローマの詩人ホラティウスの格言を引用
しています。ここからマルクスは言います。

「資本主義的生産の自然法則から生じる社会的な敵対の発展の高低が、
それ自体で問題になるのではない。問題なのは、これらの法則そのもので
あり、鉄の必然性をもって作用し、自己を貫徹する傾向である」（①9−10）。

資本主義的生産の「自然法則（Naturgesetze）」とは、資本主義が「本
性（Natur）」としてもっている法則を意味します（ヨーロッパの言葉では、
このように「自然」と「本性」とは同じ言葉です）。資本主義である限り、どの
社会でも貫徹する本性があります。それは、資本が利潤を徹底して追求す
ることです。資本主義はその本性を「鉄の必然性」をもって貫徹させます。
ここから「社会的な敵対」が、つまり資本と労働者との階級闘争も生じま
す。こうして、この「鉄の必然性」は階級闘争にも影響されますから、無
条件に現れるわけではありません。それはさまざまな条件によって影響さ
れながら自己を貫徹する「傾向」なのです。マルクスは、この「傾向」に
影響を与える条件も明らかにしています。

その一つの例は「工場法」です。マルクスは、ドイツでもすでに資本主
義的生産の工場が存在するが、「工場法という釣り合いの重り」（①10）が
ドイツにはないために、イギリスよりはるかに悪い状態だと言います。「工
場法」とは、イギリスの19世紀の初めまでは、1日15時間以上にもなっ
ていた労働時間を、1833年以来、まず12時間へ、そして10時間へと制限
し、工場の安全管理、および工場で働く児童の学校教育を資本家に義務づ
けた法律です。この法律の順守を監視する「工場監督官」もおかれました。
イギリスでは、労働者の運動によって勝ち取られた「工場法」が、資本主
義の「自然法則」に対抗するための「釣り合いの重り」となっていたので
す。マルクスは資本主義の本性を明らかにすることによって、それに対抗

し抵抗する「釣り合いの重り」をも解明するのです。

2 「産みの苦しみ」を短くし、やわらげる

また「初版への序言」でマルクスは次のように言います。

「イギリスでは変革過程が手に取るように明らかである。……この変革過程は大陸では、労働者階級自身の発達の程度に応じて、より残忍な形で、あるいはより人間的な形で、行われるであろう」（① 11）。

つまり、資本主義はヨーロッパ大陸でもイギリスと同じように発展していく必然性があります。しかしその発展が、貧困や労働苦や過労死などの「より残忍な形」でおこなわれるのか、それともそれを緩和して「よい人間的な形」でおこなわれるかは、「労働者階級自身の発達の程度」によるのです。そしてマルクスは言います。

「そのために、私は、特にイギリスの工場立法の歴史、内容、成果にたいして、本巻において詳しく論じる個所をとったのである。一国民は他の国民から学ばなければならない」（① 11）。

これが『資本論』第1巻を執筆したマルクスの意図の一つです。資本主義の発展における「より残忍な形」を「より人間的な形」に変えるのは、労働者階級自身の発達であり、また「工場立法」のような、資本のむき出しの本性に対抗する「釣り合いの重り」となる制度です。この点で、ドイツの労働者はイギリスの歴史や制度から学ばなければならない、とマルクスは言うのです。マルクスは続けて言います。

「たとえある社会が、その社会の運動の自然法則への手がかりをつかんだとしても、──そして近代社会の経済的運動法則を暴き出すことがこの著作の最終目的なのであるが──その社会は、自然な発展段階を跳び越えることも、それを法令で取り除くこともできない。しかしその社会は、産みの苦しみを短くし、やわらげることはできる」（① 12）。

ここでは重要なことが言われています。

第3章 『資本論』と変革の哲学

　第一に、近代社会の運動の自然法則をつかんだとしても、その歴史的段階を跳び越えることも、法令で取り除くこともできません。第二に、この近代社会（資本主義社会）の経済的運動法則を暴き出すことがマルクスの「最終目的」です。第三に、近代社会の経済的運動法則を暴き出すことによって、近代社会の発展における「産みの苦しみを短くし、やわらげることができる」のです。それを可能にするのは、すでに述べられた「工場法」や「労働者階級の発達」です。

　しかも、ここでマルクスが「産みの苦しみを短くし、やわらげることはできる」を考えているのは、資本主義の発展過程だけではありません。マルクスは、資本主義社会はそれが含んでいる矛盾によって、より高度な社会（社会主義・共産主義）へと変革される必然性があると考えます。これも「近代社会の経済的運動法則」によって明らかにされます。このような社会変革においても、新しい社会をつくる「産みの苦しみを短くし、やわらげることができる」とマルクスは考えます。『資本論』はこのような「より人間的な形」での社会変革の手掛かりを明らかにするのです。

　そしてマルクスは、イギリスの公文書を引用しながら、イギリスの支配階級にも次のような「予感」が現れていると言います。「現在の社会はけっして固定した結晶ではなく、変化の可能な、そして絶えず変化の過程にある有機体である」（① 13）。

　「有機体」とはもともと生命の身体を意味する言葉です。ここでは、「現在の社会」（資本主義社会）が「有機体」としてとらえられています。それは、生命の身体が誕生し成長して死滅するように、資本主義社会もまた生成・発展・消滅の過程をたどるということです。マルクスは、支配階級でさえ、このような「予感」をもっているというのです。

　以上のような「序言」の言葉にもあるように、『資本論』においてマルクスの「変革の哲学」の精神が発揮されます。この「変革の哲学」の基礎となるマルクスの思想について、さらに見てみましょう。

47

3 『資本論』と労働者階級

　『資本論』第1巻の初版（ドイツ語版）は1,000部印刷され、3年後には売り切れたため、その第二版を出版することになりました。マルクスは、第二版（1873年）の「あとがき」で、次のように言います。

　「『資本論』がドイツの労働者階級の広い範囲にわたって急速に理解されだしたことは、私の仕事への最高の報酬である」（① 16）。

　またマルクスは、ブルジョアジーの立場のウィーンの工場主でさえ、次のように述べたことを紹介しています。

　「ドイツ人の世襲財産とみなされていたあの偉大な理論的感覚が、ドイツの教養階級からはすっかり失われてしまい、それに反してドイツの労働者階級の中で新たに復活している」（同）。

　この言葉はマルクスをおおいに喜ばせました。それは、自分の本が読まれたということだけではありません。マルクスは、労働者階級こそが、資本主義社会を変革する主体になると考えるからです。

　マルクスによると、「資本と労働とのあいだの階級闘争」は、1830年代になって、フランスとイギリスでは「実践的にも理論的にもますます公然とした緊迫した形態」をとってきました（① 19）。そのため、ブルジョア経済学はもはや創造性を失って、資本にとって有害か無害か、好都合か不都合かだけを問題にするようになった、とマルクスは言います。マルクスはこのような経済学を徹底的に批判します。

　そして、マルクスは、ブルジョア経済学への批判は、ある階級を代表するものだと言います。つまり、マルクスの「経済学批判」はブルジョア経済学への理論的批判であるだけでなく、ある階級の立場を代表すると言うのです。その階級について、マルクスは次のように言います。

　「それ〔マルクスの経済学批判〕が代表できるのは、資本主義的生産様式の変革と諸階級の最終的廃止をその歴史的使命とする階級——プロレタリアート——だけである」（① 21）。

第3章 『資本論』と変革の哲学

こうして、マルクスは、資本主義社会の変革と階級の廃止を「歴史的使命」とするプロレタリアート（労働者階級）の立場に立つことを明言します。ここにもルクスの「変革の哲学」の精神がよく現れています。つまり、『資本論』の副題となっている「経済学批判」とは、古典派の経済学への学問的批判であるとともに、資本主義を擁護する俗流経済学や、折衷的なブルジョア経済学への批判ですが、しかもそれだけではなく、資本主義の現実への批判であり、資本主義社会を実践的に批判し変革するための理論であることを示しているのです。

4 マルクスの唯物論と弁証法

『資本論』のロシア語訳が1872年に出版されました。マルクスは『資本論』第二版の「あとがき」で、このロシア語版について、「3,000部の版がいまではほとんど売り切れている」（① 22）と書いています。また『資本論』への書評もいろいろ出ています。あるロシア人（カウフマン）は、マルクスの方法に注目した書評を発表しました。カウフマンは、マルクスの叙述の形式からは、マルクスは「最大の観念論哲学者」であるが、経済学批判の仕事の内容は「無限により実在論者（リアリスト）」だと言っています。しかもカウフマンは、マルクスの方法をよく理解して、その詳しい説明をしています。

マルクスは第二版への「あとがき」のなかでこの書評に応えます。マルクスは、自分が「現実的方法」と呼ぶものをカウフマンは的確に描いていると評価して、「彼〔カウフマン〕が描いたものは、弁証法的方法以外の何であろうか」（① 27）と述べています。そして、マルクスは自分の弁証法について次のように説明します。

「私の弁証法的方法は、ヘーゲルのそれとは根本的に異なっているだけでなく、それとは正反対である。ヘーゲルにとっては、彼が理念（イデー）という名のもとに一つの自立的な主体に転化しさえした思考過程が、現実

49

的なものの制作神（デミウルゴス）であって、現実的なものはその外的現象にすぎない。私にとっては反対に、観念的なものは、人間の頭脳の中で置き換えられ、翻訳された物質的なものにほかならない」（①28）。

　ここでマルクスは、彼の弁証法とヘーゲルの弁証法との「根本的」な違いを述べています。それは、ヘーゲルの観念論とマルクスの唯物論との相違です。古代ギリシアの観念論者であるプラトンは、「イデア」という世界の原型にもとづいて「制作神（デミウルゴス）」が宇宙を創造したと論じました。これと同様に、ヘーゲルは「理念（イデー）」による世界の創造を論じました。しかし「理念」とは、もともと人間の思考であるものが巨大化されて「自立的な主体」に転化されたものです。ヘーゲルはこの「理念」の展開による弁証法を、神が世界を創造するための設計図であるかのように論じました。しかし、神が世界を創造するためには、世界の構造が論理的に把握されていなければなりません。その意味でヘーゲルの弁証法的な論理学は「世界の創造以前の神」という神秘的な姿をとりながらも、世界の運動の論理構造を合理的に把握するものだったのです。

　そこで、マルクスは言います。

　「私は、自分があの偉大な思想家の弟子であることを公然と認める。……弁証法がヘーゲルの手でこうむった神秘化は、彼が弁証法の一般的な運動形態をはじめて包括的で意識的な仕方で叙述したことを、決してさまたげるものではない。弁証法はヘーゲルにあっては逆立ちしている。神秘的な外皮のなかに合理的な核心を発見するためには、それをひっくり返さなければならない」（①29）。

　マルクスがベルリン大学に入学した時にはヘーゲルはすでに死亡していました。ですから、マルクスはヘーゲルから直接に学んだわけではありません。しかしマルクスはベルリン大学でヘーゲル学派のガンス教授らから学び、またマルクス自身がヘーゲル哲学を徹底的に研究しました。その意味でマルクスはヘーゲルの「弟子」として、唯物論の立場からヘーゲル弁証法の合理的核心をつかみ、それを『資本論』のなかで縦横に駆使したのです。

5　資本主義社会の肯定的理解と否定的理解

では、マルクスがヘーゲルの観念論的な弁証法を唯物論的に「ひっくり返して」、『資本論』で用いた弁証法とはどのようなものでしょうか。マルクスは自らの合理的な姿での弁証法について次のように言います。

「その合理的な姿では、弁証法は、ブルジョアジーやその空論的代弁者たちにとって、忌まわしいものであり、恐ろしいものである。なぜなら、この弁証法は、現存するものの肯定的理解のうちに、同時にまた、その否定の理解、その必然的没落の理解を含み、どの生成した形態をも運動の流れのなかで、したがってまたその過ぎ去る側面からとらえ、何ものによっても威圧されることなく、その本質上、批判的であり革命的であるからである」（① 29）。

ここで「現存するもの」とは資本主義社会です。マルクスは資本主義社会の富の形態である「商品」の分析から始めて、「貨幣」の生成と役割を論じ、さらに貨幣が「資本」に転化する仕方や、資本が価値を増殖していく仕組みを解明します。これは、資本主義経済の「肯定的理解」です。しかし、このような肯定的理解がどうして「否定的理解」を含むことになるのでしょうか。それは、マルクスが「資本主義社会の矛盾」をとらえるからです。マルクスは、「あらゆる弁証法の噴出源であるヘーゲル的矛盾」（④ 1026）と言うように、弁証法の核心として矛盾をとらえていました。では、「資本主義社会の矛盾」とはどのようなものでしょうか。

マルクスは、「批判的で革命的な方法」を述べたすぐ次の段落で次のように言います。

「資本主義社会の矛盾に満ちた運動は、実際的なブルジョアには、近代産業が通過する周期的循環の浮沈において最も痛切に感じられるのであって、この浮沈の頂点が──全般的恐慌である」（① 29）。

つまり、ブルジョア（資本家）は、「資本主義社会の矛盾に満ちた運動」を実際的に痛切に感じるのです。その頂点は「全般的恐慌」です。つまり、

資本主義の発展とともに、生産がしだいに活気づき、好景気になったかと思えば、急激に景気が悪化して「恐慌」となり、生産の停滞の後にようやく景気が回復するという景気循環の「浮沈」が起こります。とりわけ、「全般的恐慌」における工場の閉鎖、企業の倒産、大量の労働者の失業などは、資本主義経済の限界を示しています。しかも、ドイツでも資本主義の形成・発展とともに「全般的恐慌」が起こることが予想されます。マルクスは、この恐慌が「神聖プロイセン・ドイツ新帝国の成り上がり者たちの頭にさえ弁証法をたたき込むことであろう」（同）と述べています。つまり、恐慌における矛盾の爆発こそが「肯定的理解」が「否定的理解」に転換する弁証法を明瞭に示すのです。

6　資本主義社会の矛盾

　資本主義社会の「肯定的理解」が「否定的理解」へと転換する「資本主義社会の矛盾」は「全般的恐慌」だけではありません。マルクスは『資本論』の全体でこの矛盾を明らかにしています。それは、次のような重層的な矛盾をなしています。

　第一に、資本主義社会の矛盾は、資本が利潤を得る仕組みそのものにあります。資本が価値を増殖させて利潤を得ることができるのは、資本が労働者の労働を「搾取」して「剰余価値」を獲得するからです（「剰余価値」については本書70ページ以下を参照してください）。ここに、資本と労働との矛盾があります。

　第二に、資本はより大きな「剰余価値」の獲得のために、労働者に長時間労働や過密労働を強制し、生産力を高めるために機械を導入して労働者を機械の付属物として働かせます。この現実をマルクスは次のように言います。

　「資本主義制度の内部では、労働の社会的生産力を高めるいっさいの方法は、個人的労働者の犠牲として行われる。生産を発展させるいっさいの手段は、生産者の支配と搾取の手段に転化し、労働者を部分人間へと不具

第3章 『資本論』と変革の哲学

化させ、彼を機械の付属物へとおとしめ、彼の労働苦によって労働の内容を破壊し、科学が自立的力能として労働過程に合体される程度に応じて、労働過程の精神的力能を労働者から疎外するのである。そしてまたこれらの方法・手段は彼の労働条件をねじまげ、労働過程のなかできわめて卑劣で憎むべき専制支配のもとに彼を服従させ、彼の生活時間を労働時間に転化させる」（④1108）。

　この現実は、労働によって人間の人間らしさが失われる深刻なものです。労働者の長時間労働や過密労働は、労働者の過労死や若死にの原因にもなります。

　第三に、資本は獲得した「剰余価値」をさらに資本に転化して、雪だるま式に増大してゆきます。これをマルクスは「資本の蓄積」と言います。他方で、労働者は、景気の良し悪しに応じて、雇用されたり解雇されたりする不安定な状態におかれ、低賃金を押しつけられます。また19世紀のイギリスでは児童も長時間労働をさせられ、彼らの人間的な発達が阻害されました。ここからマルクスは、「資本主義的蓄積の一般法則」を次のように言います。

　「この法則は、資本の蓄積に照応する貧困の蓄積を条件づける。したがって、一方の極における富の蓄積は、同時に、その対極における、すなわち自分自身の生産物を資本として生産する階級における、貧困、労働苦、奴隷状態、無知、野蛮化、および道徳的退廃の蓄積である」（④1108）。

　こうして、マルクスは、資本が大もうけをする一方で、労働者の悲惨な状態がつくられることを具体的に論じました。

　第四に、資本主義は人間の労働力を破壊するだけでなく、自然をも破壊します。マルクスは、労働を「人間と自然との物質代謝を彼自身の行為によって媒介し、規制し、制御する一過程」（②304）ととらえました。しかし、資本主義的生産は「人間と自然との物質代謝」を「撹乱する」（③868）とマルクスは言います。それは、資本主義的な農業によって土地の豊かさが奪われることや、資本主義的な開発事業によって自然が破壊されることな

どです。また、ロンドンなどの都市では煤煙による大気汚染や、糞尿を川に流すことによる河川の汚染も問題になっていました。ここからマルクスは言います。

「資本主義的生産は同時に、あの物質代謝の単に自然発生的に生じた状態を破壊することを通じて、その物質代謝を、社会的生産を規制する法則として、また十分な人間的発達に適した形態において、体系的に再建することを強制する」（③868）。

　こうして、資本主義生産と、人間と自然との物質代謝との矛盾から、資本主義的生産の規制と、さらにその変革がせまられるのです。

　第五に、労働者を貧困化させ、生産力の基礎となる労働力も自然も破壊することによって、資本は生産力の発展の限界に突き当たります。マルクスは、「資本の真の制限は、資本そのものである」（⑨426）と言います。つまり、資本は、国民の大多数である生産者の収奪と貧困にもとづいてしか、資本価値の自己増殖をおこなうことができません。

　このような「資本そのものの制限」が、資本の生産力の発展を妨げます。これは、資本がいくら生産しても消費がのびない「生産と消費の矛盾」にもなり、それが「過剰生産」による「経済恐慌」も引き起こします。これは、資本主義社会における「生産力と生産関係との矛盾」の一形態です。こうして、資本主義的生産様式はその歴史的役割を終了することが示されるのです。

　以上の諸矛盾は、資本主義社会の「肯定的理解」と同時にその「否定的理解」を示します。しかし、それはまだ資本主義の没落や新しい社会への変革という意味での否定ではありません。では、マルクスは資本主義社会の変革の必然性をどのように示すのでしょうか。

7　資本主義社会の変革の必然性

まず、「資本主義的蓄積の一般的法則」について、マルクスは、「他のあ

らゆる法則と同じように、この法則も、その実現にあたっては多様な事情によって修正される」（④1107）と言います。これは、先に「初版への序言」で見た「資本主義的生産の自然法則」についての理解と同様です。そこでもマルクスが資本に対する「釣り合いの重り」として述べていた「工場法」は「資本主義的蓄積の一般的法則」に対する重要な「修正」をもたらします。

　マルクスは、労働者が勝ち取った「工場法」による労働時間の制限をきわめて重視しました。彼は次のように言います。

　「自分たちを悩ます蛇〔長時間労働〕にたいする『防衛』のために、労働者たちは結集して、階級として一つの国法を、資本との自由意志契約によって自分たちとその家族を売って、死と奴隷状態とにおとしいれることを、彼らみずから阻止する超強力な社会的防御手段を、獲得しなければならない。『譲ることのできない人権』のはでな目録に代わって、法律によって制限された労働時間という、つつましいマグナ・カルタが登場する。それは、『労働者が販売する時間がいつ終わり、彼ら自身のものとなる時間がいつ始まるかをついに明瞭にする』。なんと大きく変わったことか！」（②525）。

　ここで「譲ることのできない人権」のはでな目録とは、「天賦の人権」をうたった近代の人権宣言を意味します。これらの人権宣言は、人間の「自由・平等・所有」の権利をうたいました。しかしこれらの人権は、経済活動の自由や資本家の搾取の権利を保障しても、労働者の権利は守ってくれません。マルクスは「工場法」を、イギリスにおける人権宣言の源流となった「マグナ・カルタ」にたとえています。それは、マルクスが引用した工場監督官の報告書にもあるとおり、労働時間の終わりと自由時間の始まりを明瞭にする仕方で、労働者の権利を確立したのです。この自由時間の獲得が労働者の人権の出発点となったのです。そして、「なんと大きく変わったことか！」というウェルギリウス（ローマの詩人）の言葉を引用することによって、マルクスは「世界は変えられる」ことを示しています。

　実際、「工場法」は、労働者に「人間的教養のための時間、精神的発達

のための時間、社会的役割を遂行するための時間、社会的交流をするための時間、肉体的・精神的生命力の自由な活動のための時間」（②455）を、資本から取りもどします。それは労働運動をいっそう発展させるための時間を与えます。また当時の「チャーチスト運動」（男子普通選挙権の要求）のような「政治的活動のための時間」を与えます。マルクスは、工場監督官の報告書から次の言葉を引用しています。

「工場法は、労働者たちを自分自身の時間の主人にすることによって、彼らがいつかは政治的な力をもつにいたることを可能にする精神的エネルギーを彼らに与えた」（②526）。

労働者が労働時間の制限によって自由時間を得て、「自分の時間の主人」になることは、そこから「精神的エネルギー」を得て、いつかは「政治的な力」をもつようになるというのです。労働時間の制限による自由時間の獲得は、労働者が自らの生活の主体、社会的活動の主体、政治的主体となっていくための第一歩なのである。このような「労働者階級の発達」こそが、マルクスが資本主義社会の変革のための「物質的条件」（現実的な条件）として最も重視するものです。

マルクスは、大量の労働者が資本によって結合されて、共同の労働手段を使って働くなかで、社会の生産力と経済制度を支える力を形成すると考えます。ここでは、「貧困、抑圧、堕落、搾取の総量」は増大しますが、しかし同時に、「資本主義的生産過程そのものの機構によって訓練され、団結し、組織される労働者階級の反抗」（④1305）もまた増大します。ここから、先に見た「資本主義社会の矛盾」がいっそう進んだものとして、次のようにとらえられます。

「資本独占はそれとともにまたそのもとで開花したこの生産様式の桎梏となる。生産手段の集中と労働の社会化とは、それらの資本主義的な外皮とは調和しえなくなる一点に到達する。この外皮は粉砕される。資本主義的私的所有の弔鐘がなる。収奪者が収奪される」（④1306）。

資本独占による資本主義的生産関係は、経済恐慌・人間破壊・自然破壊

第3章 『資本論』と変革の哲学

などを引き起こし、もはや生産力の発展を妨げる桎梏となります。こうして、「生産手段の集中と労働の社会化」という生産の社会化と、資本の独占によって他人の労働の搾取し収奪する「資本主義的私的所有」とは、調和しえなくなり、後者の「資本主義的な外皮」は廃棄されるとマルクスは言います。これが「資本主義的蓄積の歴史的傾向」です。

　しかも、マルクスは、この資本主義から社会主義への変革は、「労働者階級自身の発達の程度」に応じて、労働者が獲得した普通選挙権を生かして、資本主義社会の民主的変革を経て実現されると考えました。この点について、エンゲルスは、『資本論』第1巻「英語版への編者序文」（1886年）で、マルクスは、イギリスでは「不可避な社会革命が平和的で合法的な手段によって完全に遂行される」（①45）と考えていたことを紹介しています。

8　将来社会の展望──個人の自由な発達を根本原理とする社会

　『資本論』の魅力は、資本主義社会の分析と変革の可能性を明らかにするだけではありません。マルクスは『資本論』のなかで資本主義を克服した将来社会の展望をも語っています。ここにもマルクスの「変革の哲学」の精神が貫かれています。

　資本主義社会では、人々が商品を人間の労働の産物とは見ずに、商品所有者の人間関係も見ず、商品を自然物であるかのように「物（Ding）」としてだけ見たり、商品相互の関係を「物と物との関係」としてだけとらえることもおこります。マルクスはこれを「物神崇拝」（①124）として批判します。それは、商品を「物」としてだけ尊重することです。ここから、貨幣をひたすら崇拝する「貨幣物神」や、資本が資本であるだけで利潤を生むかのように見る「資本物神」も生じます。

　また、資本家は「資本の人格化」として、資本の論理（利潤追求）に従って行動し、労働者も労働力を商品として売ります。このことによって労働力が資本に支配される仕組みがつくられています。資本主義社会において

57

は、商品・貨幣・資本という「物件（Sache）」が経済活動の主役となり、その運動が資本家や労働者という「人格（Person）」の活動によって担われます。マルクスはこれを「物件の人格化」と言います。同時にそれは、「人格」が「物件」に依存し「物件」の経済的な運動法則に従属することです。資本家（人格）は資本（物件）の法則（利潤追求）に従属し、労働者（人格）は労働力（物件）を売ることでしか生きることができません。これは「人格の物件化」です。こうして、「物件の人格化と人格の物件化」が一体になっているのです。そして「人格の物件化」が先に見た「物神崇拝」を生みだす根拠なのです。

　マルクスは、「物神崇拝」や、「人格」が「物件」に依存し従属することを克服した将来社会について、次のように言います。

　「共同的生産手段で労働し、自分たちの多くの個人的労働力を自覚的に一つの社会的労働力として支出する自由な人間たちの連合社会を考えてみよう」（①133）。

　このように、個人的な生産者たちが自覚的に結びついて、協同の労働をおこなう「連合社会」とは、将来の社会主義・共産主義社会です。この「連合社会」の生産・分配・消費は次のようにおこなわれます。

　「この連合社会の総生産物は一つの社会的生産物である。この生産物の一部分は再び生産手段として役立つ。この部分は依然として社会的なものである。しかし、もう一つの部分は、生活手段として、連合社会の成員によって消費される。この部分は、だから、彼らのあいだで分配されなければならない。この分配の仕方は、社会的生産有機体そのものの特殊な種類と、これに照応する生産者たちの歴史的発展過程に応じて、変化するであろう」（①133）。

　この「連合社会」では、人間が生産者として、社会的な生産・分配・消費の主体になります。ここでは、工場や機械などの生産手段は「社会的所有」となります。また生活手段のうち、社会的な必要のために生産される「社会的な予備元本、および蓄積元本」（③905）は「社会的所有」となります。

第3章　『資本論』と変革の哲学

しかし各個人の生活手段は各個人の「個人的所有」となります。しかもその分配の仕方は、まずは、各個人の労働時間に応じた分配が考えられます。しかし将来社会もより低い段階からより高い段階へと発展しますから、「生産者たちの歴史的発展過程」に応じて分配のあり方も変化するとマルクスは言います。

　この問題は、将来社会における「個人的所有の再建」としても論じられます。資本主義以前の商品生産関係においては、自営農民が麦を生産したり、自営の手工業者がクワを生産した場合、麦やクワはそれを生産した人の所有物でした。つまり、ここでは"自分の労働の成果は自分のものだ"という「個人的な私的所有」が原則でした。

　しかし、資本主義的生産様式の場合、労働者の労働の成果はすべて資本家の所有となります。労働者には賃金が支払われますが、この賃金は労働力の再生産の費用にすぎず、再生産された労働力はまた資本に売られて、資本による「搾取材料」になります。賃金は、労働者が資本に従属する関係を再生産するための手段にすぎません。1ヵ月の賃金は1ヵ月の生活で消えてしまい、労働者は次の月も資本に従属して働き続けなければなりません。労働者を資本のもとにつなぎ止めるためには、かつて奴隷を縛ったような鎖はいりません。資本と労働者との間には、「見えない糸」（④983）が作られているのです。このような「賃金奴隷」としての労働者には、個人としての十分な人間的発達の保障はありません。

　それに対して、将来社会では、生産者たちの社会的生産の成果はすべて生産者たちのものです。生産者たちの生活手段の分配も、社会的な必要（社会保障や将来への蓄積など）も考慮したうえで、各個人に分配する仕方を生産者たち自身が決定します。こうして、共同の生産と共同の分配を経て、労働の成果は各個人のものとなって、各個人の自由な発達のために使われるという「個人的所有」が再建されるのです。

　しかも、生産手段の社会的所有や共同的生産と生産物の分配は、社会の経済的制度として重要ですが、それは社会の「土台」にすぎません。将来

59

社会においては、この経済的土台の上に成立する人間の自由な発達が重要な意味をもちます。マルクスは、将来社会を、「個人のだれもが十分に自由に発達することを根本原理とする、より高い社会形態」（④1016）と言います。このような、「個人の自由な発達」を根本原理とする社会を目指すことが、マルクスの将来社会論です。ここにもマルクスの「変革の哲学」の精神が示されています。

むすびにかえて

　21世紀の日本でも、「過労死・過労自殺」が絶えません。また「ワーキング・プア」が1,000万人を超え、大企業までが「ブラック企業」化しています。これに反対する労働者と国民の運動も高まっています。また安倍政権が「戦争法」の強行成立などにおいて次々におこなっている、立憲主義・平和主義・民主主義の破壊に対して、市民と野党の共闘によって安倍政権を打倒しようという動きも高まっています。

　労働者階級は、労働組合運動としてたたかうだけでなく、若者もシニアもママも学者も含めて、社会と国家のあり方について発言し行動する「主権者」として、市民運動にも取り組んでいます。この市民運動は労働運動とも連携しながら、野党の共闘をつくり出す推進力にもなっています。これが、現在の日本における階級闘争の姿です。しかもこの運動のなかで、日本国憲法のいう「個人の尊重」や「個人の尊厳」の思想が根付いています。この思想は、マルクスの言う「個人の自由な発達」という思想とも響き合うものです。

　このような変革の時代にこそ、マルクスの「変革の哲学」を学ぶ意義があります。『資本論』は今なお、資本主義社会の本質を解明し、資本主義社会を変革して、真に人間的な社会をつくっていく指針となる、重要な古典と言えるでしょう。

第4章　『資本論』のエッセンス —真の主人公は労働者

第4章　『資本論』のエッセンス ——真の主人公は労働者

1　『資本論』は労働者へのプレゼント

『資本論』は経済学だけの本ではありません。「ものの見方・考え方」にかかわる哲学がつまっています。前章でも紹介したように、「世界の変革」の哲学が『資本論』にも貫かれています。

マルクスの「変革の哲学」の中心は何でしょうか。それは、資本主義経済の発展のなかで、労働者が社会的な階級として成長して、自分たちの権利を実現する運動をおこない、さらには資本主義社会を変革する力をもつようになるということです。『資本論』はそのような労働者階級のために書かれた本です。

●『資本論』は労働者へのプレゼント

『資本論』は労働者へのプレゼントです。『資本論』の表紙から順番にページをめくっていくと、「第1巻、第1部　資本の生産過程」と書かれた扉があります。その次のページには、このように書かれています。

「忘れがたきわが友。勇敢、誠実、高潔なプロレタリアートの先進的闘士、ヴィルヘルム・ヴォルフ（1809年6月21日、タルナウに生まれ、1864年5月9日、亡命のうちにマンチェスターに没す）にささげる」。

このように『資本論』第1巻（1867年）は、ヴォルフというマルクスの友人の労働者にささげられたものです。ヴォルフは、農民の子で、教師やジャーナリストとして活動した、マルクスの同志であり、親友でした。『資本論』は、まずドイツ語でドイツの労働者階級のために書かれました。そして、ロシア語版（1872年）、フランス語版（1872年）、英語版（1887年）も

61

出版されました。英語版はロンドンに留学した夏目漱石の蔵書にも入っています。その後、多くの言語に翻訳され、世界中の労働者に読まれています。日本でも1920年に最初の翻訳が出版されました。

マルクスは「第二版」(1873年)への「あとがき」で、「『資本論』がドイツの労働者階級の広い範囲にわたって急速に理解されだしたことは、私の仕事への最高の報酬である」(① 16)と書いています。

マルクスがそのように喜んだのには、彼の経歴と関係しています。彼は、ドイツで生まれて、ベルリン大学などで学びました。そしてドイツで革命的理論家として活動しましたが、政府による弾圧のために、イギリスのロンドンに亡命しました。ここで、経済学の研究をさらに進め、国際労働者協会をつくって活動するとともに、『資本論』第1巻を完成させました。彼はまず母国の労働者に『資本論』を読んでほしかったのです。

『資本論』は、イギリスの資本主義社会の現実にもとづいて、資本主義経済のしくみを明らかにしました。その原理はどの資本主義国にも当てはまります。マルクスは、イギリスでおこったことを伝えるとともに、イギリスの労働者のたたかいも伝えました。それは、世界中の労働者階級に役立つものになりました。

●マルクスが『資本論』で伝えたかったこと

では、マルクスが、労働者に伝えたかったことは何でしょうか。『資本論』の「初版への序言」を見てみましょう。ここでは次のように書かれています。

マルクスの時代に、資本主義経済がもっとも発展していたのはイギリスです。そこでは、産業革命がおこなわれ、社会の富がどんどん豊かになりました。しかし同時に、労働者の貧困や労働苦や過労死などが問題になっていました。その現状をマルクスは『資本論』の本文で詳しく描きました。

そこで、マルクスは「序言」で、あらかじめドイツの労働者に対して次のように言います。ドイツではまだ資本主義は未発展なので、これほどひどいことはないと思われるかもしれない。しかし資本主義である限りドイ

第4章 『資本論』のエッセンス —真の主人公は労働者

ツでもいずれ同じことが起こるだろう。この意味で、マルクスは「おまえのことを言っているのだぞ！」という古代ローマの詩人ホラティウスの格言を引用しています。

マルクスは、なぜこんなことになるのかを明らかにするために、「資本主義的生産の自然法則」を解明します。ここでいう「自然法則」とは、資本主義が「本性」としてもっている法則のことです。資本主義である限り、どの社会でも貫徹する「本性」があります。それは、資本がひたすら「もうけ」（利潤）を追求することです。マルクスは、資本がその本性をむき出しにして、ひたすら利潤の追求をおこなうと、労働者はどれほど悲惨な状態になるのかを明らかにしました。それは、『資本論』の本文では、資本の側での富の増大と、労働者の側での貧困・労働苦・奴隷状態などがおこることが、「資本主義的蓄積の一般的法則」として明らかにされます。

しかしマルクスは、このような法則も「修正される」（④1107）といいます。それは、自然界の法則もさまざまな要因によって影響を受けて現れるのと同様です＊。

> ＊ たとえば、物体の落下の法則では、落下時間の2乗に比例して落下距離が増大します。この場合、物体の重さは関係しません。しかし実際の落下現象では空気抵抗などに影響されて、重い物体は早く落ち、軽い物体は遅く落ちるのです。

では、資本の「本性」にもとづく「法則」を修正するものとは何でしょうか。マルクスは、イギリスの労働者階級が勝ち取った「工場法」を高く評価します。「工場法」とは、それまで1日に15時間以上にもなっていた労働時間を10時間にまで制限し、工場の安全管理や、工場で働く子どもの学校教育を資本家に義務づけた法律です。工場を監視して報告する「工場監督官」もおかれました。

イギリスではこの「工場法」が資本の「自然法則」に対抗して、労働者の生きる権利を守るための「釣り合いの重り」となっているのです。マルクスは、「一国民は他の国民から学ばなければならない」（①11）と言います。

63

●産みの苦しみを短くし、やわらげる

　マルクスは、資本主義経済の発展は必然的だと言います。しかし、その発展の仕方は、「より残忍な形で、あるいはより人間的な形で行われるであろう」（①11）と言います。「より残忍な形」とは、長時間労働による過労死、健康破壊、労働災害、失業などが頻繁におこることです。「より人間的な形」とは、人間らしい労働が保障されることです。

　では、その違いはなぜおこるのでしょうか。マルクスは、「労働者階級自身の発達の程度」によると言います。労働者がどれほど団結できているか、労働者のたたかいがどれほど発展しているか、労働者がどれほど学習して成長しているか。これらのことが、労働者自身のより人間らしい働き方をつくるのです。

　ここから、マルクスは、資本主義の発展を飛び越えたり、資本主義を法律で止めさせることはできないけれども、「産みの苦しみを短くし、やわらげることはできる」（①12）と言います。資本主義の「自然法則」を労働者が理解すれば、それに対抗する運動をおこなったり、資本の横暴を許さない法律や制度をつくることができるのです。

　しかも、マルクスが「産みの苦しみを短くし、やわらげることはできる」と考えているのは、資本主義の発展過程だけではありません。マルクスは、資本主義社会はより高度な社会（社会主義・共産主義）へと変革される必然性があると考えます。このような社会変革においても、「産みの苦しみを短くし、やわらげることができる」とマルクスは考えます。『資本論』はこのような「より人間的な形」での社会変革を追求する書物なのです。

● 『資本論』はむずかしいけれど

　とはいえ、『資本論』は難解です。それは、マルクスが資本主義の立場に立つ経済学を厳密な論理によって批判し、乗り越えたからです。また曖昧な理論では社会変革はできないからです。さらに、日常用語ではない日本語の翻訳のむずかしさもあります。

第4章 『資本論』のエッセンス —真の主人公は労働者

　私たちは、『資本論』をすみからすみまで分かろうとする必要はありません。少しずつ読んで、肝心なことが少しずつわかればよいのです。マルクスは、友人への手紙で、初めて読む人に、労働時間をめぐるたたかいの章（第8章）や、工場の現場を描いた章（第13章）などから読むことを勧めています。しかし、同時に友人に、難解な用語はあなたが解説してあげてください、と書いています。第8章や第13章などの理解のためにも、難解ではあっても第1章からの理解が必要になるのです。

　本章では、『資本論』第1巻の最初から、そのエッセンスを「真の主人公は労働者」という視点から紹介していきたいと思います。

2　人間の労働が商品の価値をつくりだす

　『資本論』には「経済学批判」という副題がついています。マルクスは、資本が支配する社会と資本の立場に立つ経済学を、労働者の視点から批判します。その意味で、『資本論』の表の主人公は資本ですが、真の主人公は労働者です。まず、商品の価値をつくる労働について考えたいと思います。

●商品をつくるのは人間の労働

　資本主義社会では、食料・衣服・住居・生活用品などは、ほとんど「商品」の姿をとっています。「商品」とは、売るために作られ、売買される富です。マルクスはこの「商品」の分析から始めます。

　『資本論』の重要な主張の一つは、商品もその価値（よさ、ねうち）も、人間の労働がつくるものだということです。

　商品は、まず、栄養になる食料、着心地のよい服、ゆっくり眠れる家などのように、人間の役に立つ"よさ"をもちます。これは「使用価値」と呼ばれます。小麦を作ったり、パンを焼いたり、衣服を縫ったり、家を建てる労働などが、商品の「使用価値」をつくります。農業やパン焼き、服づくり、建築などは、商品づくりには欠かせない具体的な労働です。これ

65

をマルクスは「具体的有用労働」と言います。

また、商品は他の商品と交換ができます。たとえば、パン 10 個とシャツ 1 枚とが交換できるとすると、それらは「交換価値」をもちます。物々交換では不便ですから、貨幣が登場すると、「交換価値」は貨幣でも表せます。貨幣は、昔は金貨・銀貨・銅貨などだけでしたが、今日では紙幣も使われています。貨幣で表した「交換価値」は「価格」です。たとえば、10 個のパンや 1 枚のシャツは 1,500 円という「価格」をもちます。

ここで、「パン 10 個＝シャツ 1 枚」という「交換価値」をもつとします。それがなりたつのは、「パン 10 個」と「シャツ 1 枚」とは同じ「価格」だということです。この場合、パンとシャツの「使用価値」は違います。また、パンづくりとシャツづくりとでは、労働の種類が違います。では、どうして「パン 10 個」と「シャツ 1 枚」とは同じ「交換価値」をもつもの（等価）として交換ができるのでしょうか。

市場でさまざまな商品が売り買いされる場合、それぞれの商品が市場に出回る量（供給）と、それぞれの商品が必要とされる量（需要）とのバランスで、それぞれの商品の交換割合（交換価値）や、貨幣で表した「価格」が決まります。それは、「需要供給の法則」としてマルクス以前からよく知られたものです。そこでは、労働は直接には見えません。

しかし、さまざまな商品がまったく異なる「使用価値」をもつにもかかわらず、たがいに「等価」として交換できるのは、それぞれの商品を作るのに必要な労働の量のバランスがとれているからです。このことをさらに考えてみましょう。

●労働時間が商品の価値を決める

「パン 10 個＝シャツ 1 枚」という交換価値を決める労働とはどのようなものでしょうか。それは、異なった「具体的有用労働」にもかかわらず、どちらにも共通の労働です。この共通の労働を、マルクスは「抽象的人間労働」と呼びます（① 65）。

共通の労働が「同じ量の労働」だと言えるのは、それぞれの商品をつくる「労働時間」の量が同じだからです。もちろん、パンを作る場合も、シャツを作る場合も、労働の条件や働く人の能力によって必要な時間が違います。しかし、商品生産や商品交換が社会的におこなわれるなかで、それぞれの商品を作るために必要な、社会的に平均的な労働時間がおのずときまってきます。

　このようにして、「抽象的人間労働」が、しかも社会的に平均な労働時間が、商品の「価値」をつくるのです。商品は、「抽象的人間労働」によってつくられた「価値」をもつからこそ、それが市場で他の商品と交換できる「交換価値」や、貨幣で表される「価格」をもつのです*。

　　*　先に見た「需要供給の法則」は商品交換における現象（目に見える姿）の法則です。それに対して、商品の価値は社会的に平均的な労働時間によって決まるという「価値法則」は、商品を分析して解明される本質の法則です。

　ここで、整理をしておきましょう。商品は、使って役立つという「使用価値」をもちます。それをつくっているのは、「具体的有用労働」です。商品はまた、他の商品と交換できる「交換価値」をもちます。そして同じ「交換価値」をもつのは、それぞれの商品が同じ量（労働時間）の「抽象的人間労働」の産物だからです。この「抽象的人間労働」が商品の「価値」をつくります。この「価値」が、商品の交換場面で「交換価値」や「価格」となって現れるのです。

　ここから、次のことが言えます。資本主義社会における富の形態は商品です。この商品の「使用価値」も「価値」もすべて労働がつくっています。そして労働は労働者がおこなうものですから、資本主義社会のすべての商品価値（使用価値と価値）をつくる主体は労働者であるということです。

●労働の意味と社会的分業
　労働は、商品生産に限らず、人間の生活に欠かせないものです。そこで、

マルクスは、そもそも労働とは何かを明らかにしています。彼は次のように言います。

「労働は、まず第一に、人間と自然とのあいだの一過程、すなわち人間が自然との物質代謝を彼自身の行為によって媒介し、規制し、制御する一過程である」(②304)。

人間は、生活に必要なものを自然から取り出して加工し、利用したうえで、不必要なものを自然のなかに廃棄します。これが「人間と自然との物質代謝」です。「物質代謝」とは物質のやりとりを意味します。マルクスは、自然の一部である人間が、人間と自然との関係を媒介し制御（コントロール）する過程として、労働をとらえました。

しかもマルクスは、労働の目的意識性に注目します。マルクスは、ミツバチと人間とを比較して、ミツバチのみごとな巣作りは、「多くの人間の建築士を赤面させる」(②305)と言います。しかし、人間の建築士のすぐれた点は、家を建築する前にあらかじめ設計図を描くなど、目的や計画を立てて、それに従って作業することです。このような目的意識的な労働が、人間をきたえて、立派な建築士に育てるのです。これが人間の労働です。

人間の労働が商品生産社会でおこなわれる場合、それぞれの生産者は"こんな商品が売れるだろう"と思って生産します。しかし、商品は売れることも売れないこともあります。そこで生産者たちは、商品の種類を変えたり、自分の仕事の種類を変えたりして、売れる商品を作ろうとします。それは、社会が必要とする労働をおこなうことです。ここで商品生産者たちは、商品の生産と売買を通じて、衣・食・住などの生活に必要な労働を、社会的に分担しているのです。これは「社会的分業」と呼ばれます。商品生産者は、各個人の私的な労働という仕方で、社会的分業をおこなっているのです。

●商品の物神崇拝、貨幣崇拝

市場に多くの商品が集まると、多彩な商品の姿だけが目につきます。売り手も買い手も、商品の良し悪しや、値段の高低だけを問題にします。そ

こでは、商品を作った人間の労働は見えません。また取引が成立して、商品が売買されるということは、社会的分業としての労働が相互に承認されることです。しかしこのことも直接には見えません。

　そうすると、市場では商品がただ「物」として登場して、「物」として価格をもち、「物」として売買されるように見えます。マルクスは、このように、人間の労働や人間どうしの関係を見ないで、物と物との関係だけを見ることを、「物神崇拝」と呼びます。

　「物神崇拝」という言葉は、もともと原始時代の宗教が、山や動物などの自然物を神として崇拝したことに由来します。マルクスはこの言葉を、商品を「物」として崇拝する態度にあてはめます。ここでは人間の労働の意義が見失われています。

　また金や銀や銅も、もともと商品であり、人間の労働の産物です。その金や銀などが貨幣として使われて、他の商品の価格を示し、商品の売買に役立ち、富の蓄えの手段にもなります。そうすると、貨幣も、もともと労働の産物であることが見えなくなります。そこで、貨幣である金貨・銀貨・銅貨などは、それ自身が「物」として価値をもつように見えます。ここから貨幣の「物神崇拝」がおこります。

　貨幣を使った商品交換の社会では、「金さえあれば、なんでも買える」、「金さえあれば、天国にも行ける」（① 222）という、貨幣崇拝も生まれます。

　マルクスは、資本主義社会では、商品の物神崇拝や貨幣崇拝などがいっそう広がることを論じます。次には「資本」について考えたいと思います。

3　資本のもうけは労働から生まれる

　商品の価値は労働がつくります。貨幣は、商品の価値を表し、商品の売買に利用され、富の蓄積にも使われます。それだけではありません。貨幣は「資本」として利用されて「もうけ」を生みだします。では、貨幣が「資本」として、その「もうけ」をどのようにしてつくるのでしょうか。次に

はこの問題について考えたいと思います。

●貨幣は価値を増やすことで資本になる

「資本」とは何でしょうか。資本はまず貨幣として存在します。しかし、たとえ1億円の貨幣があっても、それだけでは資本ではありません。もしも、1億円の貨幣をなんらかの商品と交換し、さらに商品を貨幣と交換することによって、5,000万円の価値を増やし、こうして1億5,000万円の貨幣を手に入れることができれば、それは「資本」です。マルクスは、貨幣が自分の価値を増やすことができれば、それが「資本」だと言います。つまり、資本とは「もうけ」を獲得できる貨幣です。資本の「もうけ」は、資本の価値を増大させます。この「増加した価値」は、「剰余価値（Mehrwert）」とよばれます*。

> ＊　「剰余価値」という訳語は、"余りの価値"という意味です。それは、ある価値の資本（1億円）を投下して、獲得した価値（1億5,000万円）から、使った費用（1億円）を差し引いた"余りの価値"という意味です。これは、資本の費用を差し引いた"余りの価値"（剰余価値）という現象を表現しています。
> 　しかし、マルクスの原語は「増加価値」という意味です。それは、資本（1億円）は「価値の増大」をめざして運動するのであって、"増加した価値"（5,000万円）があるからこそ、資本全体の増大（1億5,000万円）になるという意味です。マルクスは、資本の本質を"価値の増大"（価値増殖）に見るのです。

こうして、資本はもともと貨幣であっても、「貨幣─商品─貨幣」という流通によって自分の姿を変えながら自分の価値を増やします。貨幣をG、商品をW、価値の増大した貨幣をG′、その増加分（剰余価値）を＋gで表すと、資本は次のようにと表現できます。

$$貨幣\ G — 商品\ W — 貨幣\ G′\ （G ＋ g）$$

マルクスは、これを「資本の一般的定式」と言います。

70

しかしこの「資本の一般的定式」には、矛盾（なぞ）があります。貨幣と商品とは等価物の交換です。それは、1,500円で同じ価値の10個パンや1枚のシャツを買うのと同じです。資本の場合も「貨幣G─商品W─貨幣G」はあくまでも「等価交換」でなければなりません（だれかが得をして、だれかが損をする不等価交換は、商品交換の原則に反します）。つまり、流通は、G ＝ W ＝ G（ ＝ は等価を示します）でなければなりません。しかし、この等価交換では価値が増えません。資本として価値が増加するためには、流通は次のようになります（ ＝ は等価を示し、 ＋ は価値増加を示します）。

$$G ＝ W ＝ G'（G＋g）$$

しかしここにはおかしな問題があります。それは、等価交換でありかつ価値が増加する、つまり等価交換でありかつ不等価交換である、という矛盾です。マルクスはこのことを「資本の一般的定式の矛盾」と言います。この矛盾はマルクス以前の経済学では解決できなかったものです。

●資本のなぞを解く鍵としての労働力

では、この矛盾（なぞ）はどのようにして解決できるのでしょうか。マルクスは、資本家が資本としてもっている貨幣を使って購入する商品に注目します。資本家が購入する商品には、土地・工場・道具・機械・原材料などの「生産手段」と、それを使って新たな商品を作りだす「労働力」があります。「労働力」とは、人間が自分の手足や頭脳を使って労働する能力です。つまり、資本家は、生産手段となる商品を買うとともに、労働者から「労働力」という商品を買っているのです。

「労働力」という商品にも価値があります。一般の商品の価値は、その商品の生産に必要な社会的に平均の労働時間ではかられます。「労働力」の価値も、その生産と再生産のために必要なものの価値です。つまり「労働力」の価値とは、労働者の生活の維持に必要な衣食住などの商品の価値

です。この「労働力」の価値（労働者と家族の生活費）が「賃金」として労働者に支払われるのです。

　ここで重要なことは、「労働力」の価値と、その使用から生まれる価値との違いです。「労働力」の価値は労働者の生活費であり、これは賃金として支払われます。「労働力」の使用価値は、「労働力」によって新たな商品を作るために役立つ「労働」そのものです。この「労働」によって「労働力」の価値を超える価値（剰余価値）が生産できます。

　たとえば、「労働力」の価値（賃金）は１日あたり１万円であっても、「労働」は１日あたり１万円の生産手段を使って３万円の価値のある商品を生産することが可能です（生産手段の価値１万円は、そのまま新しい商品の価値の一部分になるだけで、価値の大きさは変えません）。つまり、「労働力」という商品は、生産手段（１万円）を使って「労働」して、自分の価値（賃金１万円）以上の価値（剰余価値１万円）をもつ商品（３万円）を生産するのです。

●資本の一般的定式の矛盾の解決

　このように、「労働力」という商品を明らかにすることによって、「資本の一般的定式の矛盾」が解決されます。資本は、貨幣（G）で生産手段と労働力という商品（W）を購入することによって、新たな商品（W′）を作ります。この新たな商品は増加した価値を含んでいます。そして新たな商品を価値どおりに販売して、増加した価値を含む貨幣G′（G＋g）が得られます。こうして、資本は「貨幣─商品─貨幣」という等価交換をおこないながら価値の増大をおこなうのです。ただし、この商品の流通過程の間には、商品（W）を使って新たな商品（W′）を作る「生産過程」が存在します。この生産過程で価値の増大がおこなわれるのです。

　ですから、資本の運動過程は、より詳しくは、次のように表現できます（─ は流通過程、… は生産過程を示します）。

　　　貨幣 G ─ 商品 W … 商品 W′─ 貨幣 G′（G＋g）

第4章 『資本論』のエッセンス —真の主人公は労働者

ここで、等価交換を「＝」で表現すると、上の定式は次のようになります。

$$G ＝ W \cdots W' ＝ G'（G＋g）$$

ここでは、貨幣と商品との等価交換と、価値増加とが矛盾なく両立しています。ただし商品の価値増加は生産過程でおこなわれるのであって、価値増加した新たな商品（W'）が貨幣（G'）と等価交換されるのです。マルクスは、このようにして「資本の一般的定式の矛盾」を解決しました。

●労働力と労働との違い、労働の搾取

これまでに見たように、労働者は「労働力」を商品として資本家に売っているのであって、「労働」を売っているのではありません。もしも「労働」を売っているのであれば、この場合も等価交換ですから、「労働」が作るすべての価値が労働者に支払われなければなりません。しかしそうすると、資本のもうけ（剰余価値）はなくなります。

ここから、資本家と労働者との重大な関係が明らかになります。資本家と労働者とが「1日10時間の労働をして、賃金1万円」という契約をしたとします（マルクスの時代のイギリスでは1日10時間が標準労働時間でした）。しかし、労働者は1日の労働によって、さらに1万円の剰余価値を生産します。ここでは、10時間の労働時間のうち、5時間は労働力の価値（賃金1万円）を生産する時間です。この時間は労働する必要がありますから「必要労働時間」とよばれます。そして残りの5時間は資本家のもうけ（剰余価値1万円）を生産する時間です。この時間は「剰余労働時間」とよばれます。こうして、10時間の労働時間は、次のようになります。

労働時間（10時間）＝ 必要労働時間（5時間）＋ 剰余労働時間（5時間）

つまり、「必要労働時間」は賃金が支払われる労働時間ですが、「剰余労

働時間」は賃金が支払われない労働時間です。この「剰余労働時間」は“ただ働き”です。「1日10時間の労働で賃金1万円」という契約には、このような“ただ働き”の時間が含まれているのです。マルクスはこのことを、労働の「搾取」とよびます。

　労働の「搾取」は、古代の奴隷や中世の農民にもありました。奴隷の生産物はすべて奴隷主のものになり、農民の作った生産物の半分が「年貢」をして領主に取りあげられました。これらの場合の「搾取」は目に見えました。それに対して、近代の資本家と労働者との契約関係では「搾取」は目に見えません。しかし「剰余労働時間」の労働の「搾取」があるからこそ、資本のもうけ（剰余価値）が作られるのです。

●労働者と資本家の階級対立

　ここから、労働者と資本家との対立が生じます。古代の奴隷と奴隷主、中世の農民と領主との対立と同じように、近代の労働者と資本家との対立は「階級対立」です。つまり、生産手段を私的に所有する資本家が、労働者の労働を「搾取」するという対立です。

　なお、マルクスが資本家と労働者の対立を論じるのは、彼らの個々の人間性を問題にしているのではありません。マルクスは「人格が問題になるのは、ただ彼らが経済学的カテゴリー〔基本概念〕の人格化であり、特定の階級関係や利害の担い手である限りにおいてである」（① 12）と断っています。マルクスは、資本家や労働者を、経済的な役割や利害関係をになう人格として論じているのです。

　資本家は「剰余労働時間」をより多く獲得するために、長時間労働を要求します。また「必要労働時間」を短くするために、賃金を安くしようとします。それに対して、労働者は、健康を守り、人間らしい生活をするために、労働時間の制限を求め、賃金の増額を要求します。こうして、資本家と労働者との階級対立がおこり、労働時間や賃金をめぐるたたかい（階級闘争）が必然的におこるのです。

第4章 『資本論』のエッセンス —真の主人公は労働者

　社会に「階級闘争」があることは、資本家の立場にたつ経済学者や歴史家も認めていました。マルクスの発見は、「階級闘争」がなぜ起こるのかを明らかにしたことです。こうして、マルクスは、労働者のたたかいの必然性や正当性を理論的に根拠づけたのです。

4　資本主義社会の発展と労働者

　資本家と労働者は、労働時間と賃金などをきめて「労働力」を商品として売買します。賃金は「労働力」の価値であり、労働力の再生産費（労働者と家族の生活費）です。「労働力」の使用である「労働」は、「労働力」の価値以上の価値（剰余価値）を生産します。資本家はこの「剰余価値」の増大を追求します。

●資本は長時間労働を要求する
　では、資本家がもうけ（剰余価値）を増大させるにはどうすればよいのでしょうか。
　その鍵は労働時間にあります。労働時間のうちで、賃金分の価値を生産する時間は「必要労働時間」です。資本のもうけ（剰余価値）を生産する労働時間は「剰余労働時間」です。剰余価値を増大させるためには、この「剰余労働時間」を増やせばよいのです。ここから、資本家は労働者に長時間労働を要求します。
　資本家は、労働者から「労働力」を買うさいに、労働時間をできるだけ長くしようとします。資本家と労働者との関係は、形式上は「自由・平等」です。労働者は奴隷ではありません。しかし労働者は「労働力」を売らなければ生きていけません。そのため長時間労働も受け入れざるをえません。これが、形式上の「自由・平等」を保障した近代的な法制度と経済制度の現実です。こうして資本家は、労働時間を無制限に延長することを求めます。マルクスは、労働時間の延長による剰余価値の生産を「絶対的剰余価値の

75

生産」と言います（③550）。剰余労働時間がまさに絶対的に延長されます。

●生産力の発展による剰余価値の増大

しかし労働時間の延長には限界があります。1日は24時間です。また人間は睡眠の時間、食事の時間、休憩時間、家族のための時間などが必要です。また文化的な活動や社会的な活動の時間も必要です。労働時間が延長されると、労働者のこれらの時間が次々に犠牲にされます。十分な睡眠も休憩もとることができなくなると、健康を破壊し、過労死もおこります。これに対して、労働者は強く抵抗します。

そこで、資本のもうけを増大させるためのもう一つの手段は、生産力の発展です。ある資本家が生産方法を改善して、社会的な平均価格よりも安く生産して、それを平均価格で売れば、安く生産できた分だけ、資本家のもうけが増えます。また、同じ時間に生産できる商品の数を増やすことができれば、増やした商品の分だけもうかります。これらの利益をマルクスは「特別剰余価値」と呼びます（③554）。個々の資本家はこの「特別剰余価値」の獲得をめざして必死に努力します。しかし、それぞれの産業で生産力が高まれば、それが社会的な平均となって、「特別剰余価値」はなくなります。そこで資本家は新たな「特別剰余価値」を追求します。

資本家が生産力を高めることは、資本家のあいだの競争にとって有利なだけでなく、労働者に対しても有利なことです。社会全体の生産力が高まると、衣食住などの生活必需品をより安く生産できるようになります。これは「労働力」の再生産に必要な生活必需品の価値が低下することです。したがって、同じ労働時間であっても、賃金分の価値を生産する「必要労働時間」が減少して、その分だけ「剰余労働時間」が増えることになります。このようにして剰余価値を増大させることを、マルクスは「相対的剰余価値の生産」と言います（③550）。同じ労働時間であっても、生産力を発展させて「必要労働時間」を短くして、相対的に「剰余労働時間」を増やすのです。

〈相対的剰余価値の生産〉

労働時間（10時間）　＝　必要労働時間（5時間）　＋　剰余労働時間（5時間）
　　　　　　　　　　　　　　　　　↓　　　　　　　　　　　　　↓
　　　　　　　　　　　　　必要労働時間（4時間）　＋　剰余労働時間（6時間）

●協業、マニュファクチュア、機械制大工業の発展

　資本家は、労働者の編成を変え、科学も利用して技術を発展させて、生産力を増大させてきました。そのことを、マルクスはイギリスの資本主義の発展を例にして論じています。

　資本による生産力の発展は、労働者を同じ仕事場に集めて働かせる「協業」から始まります。人間は同じ仕事場でいっしょに働くだけで生産力を高めます。また、工場内や仕事場で分業をおこなうと、生産力をいっそう高めます。

　「マニュファクチュア」（工場制手工業）では、労働者を一つの工場に集めて分業をさせます。マルクスに先立つ古典派の経済学者であるアダム・スミス（1723〜1790）は、ピンを作る工場で、1人の労働者がすべてをやっていた仕事を、18の工程に分割すると、生産力が200倍以上も高まったことを論じました。

　マニュファクチュアでは、資本家が指揮権をふるって労働者を従わせます。労働者は、分業によって部分的で一面的な労働しかできなくなります。労働者の熟練や教育の必要もなくなり、労働力の価値（賃金）が低下します。

　機械が発明され、それが工場に導入された「機械制大工業」では、生産力が飛躍的に発展しました。これは「産業革命」と呼ばれます。機械が導入されると、大人の男性労働者だけでなく、女性も子どもも働きます。資本家は労働者を機械に従属させ、管理職や監督職をおいて、工場の支配を強化します。これをマルクスは「資本の専制」と言います。

　機械制大工業は生産力を飛躍的に増大させますから、労働時間の短縮も

可能なはずです。しかし資本家は労働者を機械に従属させることによって、むしろ労働時間を増大させました。「産業革命」以来、労働時間は1日15時間以上にもなっていました。機械を24時間動かすために深夜労働もおこなわれます。こうして、労働時間の延長による「絶対的剰余価値の生産」と、生産力の増大による「相対的剰余価値の生産」とが合わさっておこなわれました。

●「工場法」と労働者の人権

機械制大工業は労働者に悲惨な結果をもたらしました。長時間労働と過密労働による過労死、危険な機械による労働災害、8歳からの児童労働による労働者の精神的・身体的な未発達、20歳代での早死に、女性の工場労働による育児の困難と乳幼児の死亡率の高まりなどです。「資本は、社会によって強制されるのでなければ、労働者の健康や生命の持続をなんら考慮しない」（②464）とマルクスは言います。

これに対して、労働者たちは「労働力」を売る側の権利を主張しました。とりわけ、労働時間の制限を求めてたたかいました。イギリスの労働者たちは、1833年から1860年代にかけて「工場法」とその改善を次々に勝ち取りました。「工場法」は「産業革命」の出発点となった繊維産業から始まって、全産業部門に適用されていきました*。

* 繊維産業に適用された「工場法」のほかに、さまざまな産業でさまざまな法律が成立しました。マルクスはこれらを総称して「工場立法」と呼んでいます。しかし、ここではそれらも「工場法」と表現しておきます。

「工場法」は、女性と年少者の労働時間を12時間から、さらに10時間へと制限し、児童の労働時間を8時間に制限しました。女性や子どもの労働時間が制限されると、彼らと共に働く大人の男性の労働時間も制限されました。また工場で働く子どもの学校教育と、工場の安全衛生が資本家に義務づけられました。そして「工場法」の順守を監視する「工場監督官」

も設置されました。

　マルクスは「工場法」を大変高く評価しました。マルクスは言います。「労働時間の制限は、それなしには他のすべての解放の試みが失敗に終わらざるをえない先決条件である」（②523）。労働時間の制限は、労働者の健康と身体的エネルギーを回復し、精神的発達、社会的交流、労働組合のような社会的活動、および政治的活動をするうえでも必要です。イギリスの労働者たちは、労働組合活動だけでなく、普通選挙権を要求する政治運動も展開しました。

　マルクスは「工場法」を、イギリスの人権宣言の源流となった「マグナ・カルタ（大憲章）」にたとえました（②525）。「工場法」は、近代的な「自由・平等」の権利だけでは実現できない労働者の人権の出発点になりました。「工場法」獲得のたたかいは、労働者の権利、子どもの教育権、さらに労働者の参政権の獲得へと発展していったのです。

5　資本主義の矛盾と変革の条件

　資本はもうけ（剰余価値）を拡大するために長時間労働を要求し、もっぱら資本のもうけのために生産力を発展させました。そして「工場法」の成立後も、資本のもうけの追求はいっそう激しくなります。

●時間賃金
　資本は、労働者の賃金を引き下げるために、さまざまな賃金の形態を利用します。

　賃金とは「労働力」の再生産のための費用（労働者とその家族の生活費）です。賃金がまともに支払われていても、労働者は賃金分以上の労働（剰余労働）をおこなっており、この労働が「搾取」されています。

　ところが、「労働力」の価値さえ支払われないことが起こります。その一つは「時間賃金」です。例えば「1日10時間の労働で賃金1万円」と

すると、1時間あたりの賃金は1,000円です。この時間単位の賃金が「時間賃金」です。この「時間賃金」のもとで、1日の労働時間が5時間になると、1日の賃金は5,000円です。これでは労働者はまともな生活ができません。マルクスはこれを「過少就業」（④933）と言います。このような働き方を強いられると、生活が極端に苦しくなり、子どもを産んで育てることもできなくなります。つまり、労働力の再生産ができなくなるのです。

　これが、現在の日本でも起こっていることです。「時間賃金」は、労働者の賃金を低下させて、資本が多くの利潤を獲得するための手段になっています。しかし、社会の全体で、次世代の労働力の再生産もできない低賃金が広がることによって、労働力人口の減少が起こるのです。

●出来高賃金

　もう一つの賃金の形態は「出来高賃金」です。例えば「1日10時間労働で10個の生産物ができ、賃金1万円」が標準的な労働条件とします。この場合、生産物1個あたりの賃金は1,000円です。この生産物の出来高に応じて賃金を支払うのが「出来高賃金」です（④946）。

　この場合、資本家は、生産物のうち不良品は「出来高」に入らないとして、生産物の品質管理を労働者の責任でおこなわせることができます。しかも、労働者は出来高をできるだけ多くして、より高い賃金を得ようとしたり、他の労働者と競争します。資本家はこの労働者の努力や競争を利用して、「10個で1万円」が標準であったものを、「11個で1万円」、「12個で1万円」というように、実質的に賃金を引き下げることができます。しかも労働時間の基準がありませんから、長時間労働が広がってしまいます。このような出来高賃金は、労働者の「自発性」を引き出したり、労働者のあいだの競争をあおり、労働者の健康破壊や過労死の原因にもなります。これは、現代の日本の「成果主義賃金」にあたります。

　マルクスが19世紀に指摘した「時間賃金」や「出来高賃金」が、今日の日本でも資本によって利用されて、賃金の低下や過労死などの多くの問

題を引き起こしています。

●資本による労働者の解雇

　資本主義社会では、労働者の失業が重大な社会問題になります。マルクスは、失業の原因を解明しました。失業は資本がつくり出すものです。

　資本家は生産力を発展させるために、機械を導入し、大量の原材料を購入します。こうして「生産手段」のための費用が増大します。そうすると、資本家はもう一方の費用である「労働力」への支払いをできる限り削減しようとします。資本は、生産力を増大させるために、「生産手段」の購入のための資本（ｃ）をますます増大させます。それに対して、労働力の購入のための資本（ｖ）を相対的に減少させます＊。

　　＊　「生産手段」となる資本は「不変資本」（ｃ）と呼ばれ、労働力のための資本は「可
　　　　変資本」（ｖ）と呼ばれます。労働力こそが剰余価値をつくりだし、資本の価値
　　　　を増大させます。したがって、労働力のための資本は「可変資本」です。他方で「生
　　　　産手段」となる資本は資本の価値を増大させません。したがって、それは「不
　　　　変資本」です。この、ｃとｖとの比率（ｃ：ｖ）をマルクスは「資本の有機的
　　　　構成」と言います。

　不変資本ｃと可変資本ｖとの比率（資本の有機的構成）は次のように変化（高度化）します。

ｃ：ｖ＝１：１→２：１→３：１→４：１→５：１→６：１→７：１……

　こうして、新しい機械などの導入のための資本がますます多くなり、そのたびに労働者が解雇されることになります。また資本は、熟練労働者を解雇して、未熟な労働者を雇って、賃金を下げようとします。こうして失業者がつくられます。

　また、大きな資本は中小の資本を吸収して、より大きくなります。これ

をマルクスは資本の「集中」（④1077）と呼びます。このとき、吸収された中小の資本のもとで働いていた労働者が解雇されることもおこります。

　さらにまた、資本主義的生産のもとでは景気が変動します。好景気が続くと資本はさらにもうけようとして、過剰生産になります。いくら作っても売れなくなって、企業が負債（借金）をかかえて倒産します。これが大規模におこると「恐慌」とよばれます。

　マルクスの時代には10年周期で「恐慌」がおこっていました。このときは、工場の生産がストップし、事業所が閉鎖され、大量の労働者が解雇されます。こうして、資本家がもうけを求めて競争しあっている社会では、社会全体の生産が無計画におこなわれるために、「恐慌」がおこるのです。その最大の被害者は、失業する労働者です。

　●失業者は「過剰人口＝産業予備軍」

　失業者の増大は、社会の貧困層の増大となります。失業した労働者とその家族は、健康を破壊したり、将来の夢が破れたり、餓死することもあります。貧しい家庭の子どもは、まともな教育も受けられません。社会には浮浪者や犯罪者も増大します。

　しかし資本にとって失業者は「過剰人口」です。つまり、資本のもうけにとって不必要な「過剰な」労働者です。同時に、資本はこの「過剰人口」が存在することによって、大きな利益を得ます。多くの失業者が存在することによって、就業者は解雇を恐れて懸命に働きます。資本はこれを利用して、就業者に長時間労働と低賃金が押しつけます。失業者の存在が、就業者にとって労働条件を悪くさせる「重り」となるのです。

　また資本は事業を拡大したり、好景気に生産を増大させたいときに、すぐに雇用できる労働者が必要です。そのとき失業者が役立ちます。その意味で、失業者は「産業予備軍」（④1087）です。軍事国家は「常備軍」のほかに、国民に軍事訓練をしておいて、戦争になるとすぐに動員できる「予備軍」をもっています。失業者は産業用の「予備軍」なのです。

資本は、もうけた富を労働者のために使って、失業者をなくそうとはしません。それどころか逆に、必要なときに必要なだけ雇える「労働力」として失業者を利用します。こうして資本は、もうけた富をまた資本として使って、ますます大きくなります。マルクスは、資本が雪だるま式に増大することを「資本の蓄積」（④ 993）と言います。

●労働者のたたかいが変革の条件

資本によって押しつけられる長時間労働、低賃金、失業などに対して、労働者は抵抗してたたかってきました。すでに紹介した「工場法」はその大きな成果です。また労働者はストライキをおこなって、賃金切り下げに反対するたたかいも展開しました（④ 937）。労働者はお互いの競争や分断をなくすために、就業者も失業者も共に「労働組合」に組織してたたかいました（④ 1100）。このようなたたかいもマルクスは紹介しています。

マルクスは、「資本の蓄積」の一方で、資本主義的生産の仕組みそのものによって「訓練され、団結し、組織される労働者階級の反抗もまた増大する」（④ 1306）と言います。労働者階級のたたかいこそが、労働者の生きる権利を守り、より人間らしい労働の条件をつくり、社会を変える力にもなると、マルクスは考えます。これが変革の条件です。

●資本主義の矛盾が増大する

これまでに見てきたように、資本主義社会ではさまざまな「矛盾」（現実の不合理や力の衝突）が増大します。

第一は、資本による労働の搾取です。資本はさらに長時間労働や低賃金を求めます。労働者は労働時間の制限とまともな賃金を求めます。ここから資本家と労働者との階級闘争がおこります。

第二に、資本はもうけを増大させるために生産力を発展させます。しかし資本が思いどおりに支配すると、労働者の労働苦や失業や貧困をもたらします。資本の側での「富の蓄積」は、労働者の側での「貧困、労働苦、

奴隷状態、無知、野蛮化、道徳的頽廃の蓄積」（④1108）となります。

第三に、資本による生産力の発展は、自然破壊も起こします。マルクスの時代にすでに、工場廃棄物による大気汚染や河川の汚染、農業の資本主義化による土地の荒廃などが問題になっていました。資本主義は、富の源泉である自然も人間も破壊するのです（③868）。

第四に、資本主義のもとで生産力を支えているのは、労働者階級です。労働者階級が人口の大多数となり、労働運動などによって社会的な力をもち、政治的権利を獲得し、さらに精神的にも成長します。このような労働者階級の成長と、資本家による生産手段の独占と労働者への支配とが、しだいに両立しえない矛盾になるのです。

マルクスは、労働者階級が成長して、資本主義の矛盾を解決することによって、新しい将来社会が開かれると考えました。

6　将来社会と個人の自由な発達

資本主義社会の矛盾が深まるとともに、同時に資本主義の生産力を支えている労働者階級が、経済的・社会的・政治的・精神的に成長します。マルクスはこの労働者階級が資本主義を変革する力をもつようになると考えました。

●世界は変えられる

マルクスは、19世紀のイギリスの労働者が勝ち取った「工場法」を高く評価しました。そのさいに、工場法は「労働者が販売する時間がいつ終わり、労働者自身のものとなる時間がいつ始まるかをついに明瞭にする」という工場監督官の報告書を紹介しています。そして「なんと大きく変わったことか！」というローマの詩人ウェルギリウスの言葉を引用しました（②525）。ここでは、資本主義のもとでも、自由時間の獲得によって、労働者の状態が大きく変わったことが強調されています。

第4章 『資本論』のエッセンス —真の主人公は労働者

　しかも労働者が新しく勝ち取った権利によって、労働者のたたかいはいっそう前進します。マルクスは、工場監督官の次の言葉も紹介しています。「工場法は、労働者たちを自分自身の時間の主人にするっことによって、彼らがいつかは政治的な力をもつことを可能にする精神的エネルギーを彼らに与えた」（②526）。ここでは、自分自身の時間をもつ労働者が精神的なエネルギーをもち、さらに政治的な力をもつことが予測されています。マルクスはこの言葉を引用することによって、労働者は「世界は変えられる」と言うのです。

　また、マルクスは、資本の富の蓄積と労働者の貧困の蓄積は、「資本主義的蓄積の絶対的で一般的な法則」だと言います。しかし同時にマルクスは、「この法則も、その実現にあたっては多様な事情によって修正される」（④1107）と言います。

　では、経済法則の実現が「修正される」とはどういうことでしょうか。それは、経済法則だけでは、社会のあり方は決まらないということです。労働者の貧困や人間破壊が深刻になれば、それに反対する労働者のたたかいや国民の社会運動が起こります。マルクスは、このたたかいが、資本の横暴を許さず、資本主義の経済法則の実現を修正すると言うのです。また「工場法」のような法律は、資本の活動を規制して、経済法則の実現を修正するのです。

　このように、『資本論』は資本の本性を明らかにし、資本主義の経済法則を解明することによって、同時に、労働者のたたかいの必然性や、資本に対する法的規制の必然性を明らかにしています。マルクスは、「資本は、……労働者の健康や生命の持続をなんら考慮しない」と言いますが、同時に、上記の引用の……の部分で「社会によって強制されるのでなければ」という条件を述べています（②464）。つまり、労働運動や社会運動や国家の法律という「社会による強制」があれば、それによって、資本の横暴がくい止められるのです。

85

●資本主義の変革と将来社会の労働

資本主義の変革は、資本主義の枠内の改革だけではありません。

資本主義のもとで、労働者は共同で働き、機械設備などの生産手段を共同で使用しています。資本主義の発展とともに、このような「生産の社会化」がますます進みます。しかし生産の目的は、あくまでも資本の利潤追求です。「生産の社会化」による利益はすべて、生産手段を私的に所有している資本家のものになります。

そして大きな資本がますます大きな力をもって、中小の資本や労働者を支配します。また資本どうしの激しい競争が、過剰生産による経済恐慌や自然環境破壊をおこします。資本主義社会ではこのような矛盾がますます大きくなり、深刻になります。

しかし同時に、労働者階級の経済的・社会的・政治的・精神的な力も発達します。マルクスは、この労働者階級が、生産力と経済活動を支えているだけでなく、労働組合運動などで社会的な力をもち、参政権の獲得によって政治的な力をもち、さらには国家権力（議会や政府）を変えることができると考えます。

そして労働者階級が中心となった国家権力ができれば、これによって生産手段の所有制度を法律によって変えて、土地・工場・原材料などの生産手段を、生産する人々の共同の所有にすることができると考えます。このような「生産手段の社会的所有」によって、「生産の社会化」にふさわしい労働を実現することができます。それは、資本による労働の搾取をなくして、労働者が主人公になって人間らしい労働を実現することです。

そして、資本のための生産ではなく、人間生活を豊かにするための生産をおこない、社会の必要に応じた生産を計画的に発展させることによって、経済恐慌や自然環境破壊を防ぐことができます。これが、資本主義の変革によって生まれる将来社会の生産活動です。

●社会主義・共産主義の原理

この将来社会は、「生産手段の社会的所有」を基礎にした社会的生産をめざしますから、「社会主義」と呼ばれます。またこの社会主義社会は、労働者が共同の生産手段を使って共同で生産し、共同で分配する「共同体（コミューン）」の実現をめざしますので、「共産主義（コミュニズム）」とも呼ばれます（両者は内容的には同じものですので、以下では「社会主義・共産主義」と表します）。

マルクスは、社会主義・共産主義の社会では、各人が共同の労働をおこない、各人の労働の量や質に応じて、各人の生活に必要なものを分配することが原則なると考えます。同時にマルクスは、人間の発達と生産力の発展に応じて、分配の仕方も変わると考えます（① 133）。しかし、このような将来社会の生産・分配・消費という経済的な仕組みはあくまでも社会の「土台」です。この土台をもとにして、将来社会の全体が成り立ちます。

マルクスは、将来社会について、それは「個人のだれもが十分に自由に発達することを根本原理とする」（④ 1016）と言います。この将来社会は、「各人の自由な発達が万人の自由な発達の条件である協同社会」（『共産党宣言』86ページ）とも表現されます。マルクスが描いた社会主義・共産主義の社会は、なによりも、すべての個人の自由な発達をめざす社会です。

この社会は、共同の生産活動によって人間らしい労働を実現し、人間と自然との物質代謝を合理的に制御する仕方で、生産力の発展をめざします。労働は人間にとって必要不可欠ですから、マルクスは労働時間の世界を「必然性の国」と言います。同時に、資本による搾取がなくなり、生産力が発展することによって、労働時間が短縮されて、自由時間が拡大します。人間はこの自由時間を使って、人間的な発達そのものをめざして、さまざまな社会的活動や精神的活動を発展させることができます。この自由時間の世界をマルクスは「自由の国」と言います（⑬ 1435）。こうして、「個人の自由な発達」を根本原理とする社会が、マルクスのめざす将来社会なのです。

●労働者階級の発達にマルクスは期待する

　本章では、『資本論』の真の主人公は労働者であることを紹介してきました。

　資本主義社会では、労働者の労働が商品の使用価値と価値をつくり、資本のもうけ（剰余価値）も労働の搾取から生まれます。そして資本主義社会では、資本が労働を支配し、労働の搾取を増大させます。ここから、資本がもうければもうけるほど、労働者の長時間労働や過労死、不安定雇用や失業による貧困などが増大します。

　しかし同時に、マルクスは19世紀のイギリスの労働者のたたかいを紹介しながら、資本の横暴を許さない力を労働者自身がもっていることを示しました。そしてマルクスは、労働者階級の経済的・社会的・政治的・精神的成長こそが、資本主義社会を変革して、将来社会を切り開く力であると考えます。これが「世界は変えられる」と主張するマルクスの「変革の哲学」です。

　マルクスのこの期待はまだ実現されていません。マルクスの期待が実現しなった１つの理由は、19世紀終わりから、発展した資本主義国が世界中に植民地をつくり、資源の産地や市場として利用したことです。そして20世紀には、植民地を奪い合う「帝国主義戦争」をおこなったことです。20世紀に二度も世界大戦が起こりました。戦争では、労働者階級も戦争に動員されました。マルクスが呼びかけた「万国の労働者の団結」とは反対に、労働者どうしが敵となって殺し合いをされられたのです。マルクスが経験しなかったこの戦争の歴史をしっかりととらえて、世界の平和を実現することがきわめて重要です。

　同時に、私たちは『資本論』を学ぶことによって、現代の資本主義をより具体的に分析して、「社会的な協同」の力で「個人の尊重」を実現する理論的な手がかりを得ることができるでしょう。

第5章　将来社会と個人の尊重

　これまでも見てきたように、マルクスは将来社会としての社会主義・共産主義の展望をさまざまな仕方で論じました。この章では、その特徴をまとめて考えたいと思います。

　なお、本書で言う「将来社会」は「未来社会」と同じ意味です。しかし「将に来らんとする社会」と「未だ来らぬ社会」では、日本語のニュアンスが違います。本書では、資本主義社会がそのなかから社会主義・共産主義の社会を準備するという、マルクスの思想を表現するために「将来社会」という言葉を使います。

1　将来社会の「物質的条件」とは何か

　まず、マルクスが、将来社会を切り開くための「物質的条件」と言ったものは何なのかについて考えたいと思います。

（1）将来社会の「物質的条件」

　若きマルクスは『ライン新聞』を退職した後に、パリに移りました。ここで経済学の研究を始め、ルーゲらとともに『独仏年誌』を発行しました。またマルクスはパリでフランス人やドイツ人の労働者とも交流し、彼らの集会にも参加しました。そのような経験からマルクスは「フランスの社会主義的な労働者」の集会について次のように書いています。

　「仲間、団結、仲間を目的とする懇談が、彼らには十分にある。人間の兄弟愛は彼にとっては空文句ではなく、真実であり、人間の気高さが労働によって頑丈になった姿から私たちに光をはなっている」（162ページ）。

このような経験と理論的研究のなかから、マルクスは、労働者階級（プロレタリアート）こそが資本主義社会を変革する主体であると考えるようになりました。そして、『独仏年誌』に発表した「ヘーゲル法哲学批判序説」（1844年）のなかで次のように述べました。

「理論もまた、それが大衆をとらえるやいなや、**物質的な威力**となる」（85ページ、強調は牧野。以下同様）。

「哲学がプロレタリアートのうちにその**物質的武器**を見いだすように、プロレタリアートは哲学のうちにその精神的武器を見いだす」（95ページ）。

このプロレタリアートは、「社会のすべての領域を解放することなしには、自分を解放することができない」階級です。そして、ここで「哲学」が「精神的武器」とされていますが、マルクスは後に、経済学こそが「ブルジョア社会の解剖学」であると考えて、その研究に没頭しました。そして「精神的武器」をいっそう豊かに鍛えました。

ここで、プロレタリアートが現実を変革する「物質的威力」や「物質的武器」と表現されていることに注意しておきたいと思います。プロレタリアートという階級が「物質」と表現されているのです。意識をもった人間も階級も、"現実の存在"として「物質」なのです。

マルクスは、この後にエンゲルスともに、『共産党宣言』を執筆し、1848年の革命運動に参加しました。しかしプロイセン政府の弾圧のために、1849年にロンドンに亡命しました。そしてロンドンで経済学研究の成果として『経済学批判』（1859年）を出版しました。その「序言」のなかで、マルクスは社会革命の「物質的条件」について次のように述べます。

「新しいより高度の生産関係は、その**物質的存在条件**が古い社会そのものの胎内で孵化されてしまうまでは、けっして古いものにとって代わることはない」（15ページ）。

「ブルジョア社会の胎内で発展しつつある生産力は、同時にこの敵対を解決するための**物質的条件**をもつくりだす。それゆえ、この社会構成体をもって人間的社会〔共産主義社会〕の前史は終わる」（16ページ）。

ここで述べられているように、経済学の研究を踏まえたマルクスは、「生産力」の発展に注目し、そこから「社会革命」の「物質的存在条件」や「物質的条件」が形成されると言うのです。この「物質的条件」とは、ブルジョア社会の生産力をにない、ブルジョア社会のなかから成長する労働者階級です。このような「物質的条件」がブルジョア社会のなかから形成されることによって、「人間的社会」としての共産主義社会の「前史」であるブルジョア社会は終わるとされます。

こうして、若きマルクスが社会変革の「物質的武器」としてとらえたプロレタリアートは、ブルジョア社会の「生産力」の発展によって成長するという新しい認識が獲得されました。しかし、その労働者階級が、資本主義社会の生産力の発展のなかでどのような仕組みによって成長するかは、まだ論じられていません。この問題をいっそう解明することは『資本論』の課題です。

（2）将来社会の「物質的生産条件」

マルクスは、『資本論』第1部で「資本主義的蓄積」を論じるなかで、同時に将来社会の「根本原理」を次のように述べています。

「価値増殖の狂信者として、資本家は容赦なく人類を強制して、生産のために生産させ、それゆえ**社会的生産力**を発展させ、そしてまた、個人のだれもが十分に自由に発達することを根本原理とする、より高い社会形態の唯一の実在的土台になりうる**物質的生産条件**を創造させる」（④ 1016）。

ここでは、「より高度な社会形態」である社会主義・共産主義の社会の「根本原理」が、「個人の十分な自由な発達」であることが述べられています。そして、資本家が資本を価値増殖（利潤追求）に狂奔して、「社会的生産力」を発展させることによって、むしろ将来社会の「実在的土台」になりうる「物質的生産条件」を創造するとしています。

この関係を整理すると次のようになります。

資本家の利潤追求 　→　 社会的生産力　　→　 将来社会の土台となりう
　　　　　　　　　　　　の発展　　　　　　　る物質的生産条件の創造

　では、この「物質的生産条件」とは何でしょうか。このことを考えるた
めに、さらに『資本論』の議論を見ましょう。

　マルクスは、資本主義的蓄積について次のように言います（引用文中の
（1）、（2）…の番号は牧野による）。

　「（1）少数の資本家による多数の資本家の収奪とならんで、（2）ます
ます増大する規模での労働過程の協業的形態、（3）科学の意識的な技術
的応用、（4）土地の計画的利用（Ausbeutung）、（5）共同的にのみ使
用されうる労働手段への転化、（6）結合された（kombiniert）社会的な
労働の生産手段として使用されることによる、（7）すべての生産手段の
節約、（8）世界市場の網の中へのすべての国民の編入、（9）したがって
また資本主義体制の国際的性格、が発展する」（④1305〜1306）。

　ここで述べられている（2）から（3）の内容は、資本が「社会的生産
力」を発展させることによって創造される事柄です。

　しかし、資本による生産力の発展は、さまざまな矛盾を含んでいます。
その矛盾は先の引用文の番号に対応させると、次のようなものです。

　（1）大資本が中小資本を支配し、（2）労働者個人を犠牲にした協業が
おこなわれます。（3）資本が科学・技術を支配し、それを資本の利潤追
求に従属させます。（4）土地の搾取（Ausbeutung）によって土地の荒
廃が起こります。（5）機械などの労働手段に労働者が従属させられます。
（6）資本が労働力を結合（コンバイン）することによって、資本の専制
がおこなわれます。（7）生産手段のうち工場の安全設備や環境保護設備
が「節約」されて、労働災害や環境破壊が起こります。（8）大資本が世
界市場の支配へと乗り出し、（9）先進資本主義国が世界中を植民地化し
ようとします。

　こうして、資本による「社会的生産力」の発展は重大な矛盾を含んでい

第5章　将来社会と個人の尊重

ます。にもかかわらず、この矛盾のなかから、将来社会の土台となる「物質的生産条件」が発展するのです。そのうちでも、資本主義社会の変革においてマルクスが重視するのが、「生産手段の集中と労働の社会化」（④1306）です。それが、将来社会の「土台」となる「物質的生産条件」なのです。そしてこの「物質的生産条件」が労働者階級の成長を促進します。この点をさらに見ましょう。

（3）労働者階級の成長と社会的な生産経営

　マルクスは、資本主義社会の矛盾と、そこからおこる階級闘争について、次のように言います。

　「資本主義的蓄積の転化過程のいっさいの利益を奪い独占する大資本家の数が絶えず減少していくにつれて、貧困、抑圧、堕落、搾取の総量は増大するが、しかしまた絶えず増加するところの、資本主義的生産過程そのものの機構によって**訓練され、団結し（vereint）、組織される労働者階級**の反抗もまた増大する」（④1306）。

　資本の側での「富の蓄積」と、労働者側での「貧困、抑圧、堕落、搾取の増大」という矛盾が深刻になります。しかし同時に、資本主義的生産過程そのものの機構によって「訓練され、団結〔ユナイト〕し、組織される労働者階級」が増加し、この労働者階級の「反抗」が増大します。このような闘いが発展して、資本主義的私的所有の変革が起こるとマルクスは考えます。マルクスは続けて言います。

　「資本独占はそれとともにまたそのもとで開花したこの生産様式の桎梏となる。**生産手段の集中と労働の社会化**は、それらの資本主義的な外皮とは調和しえなくなる一点に到達する。この外皮は粉砕される。資本主義的私的所有の弔鐘がなる。収奪者が収奪される」（④1306）。

　こうして、「資本独占」は「生産手段の集中と労働の社会化」という資本主義のもとで発展した生産様式と矛盾し、その「桎梏」になります。「資本独占」はこの生産様式の「外皮」にすぎません。しかも「生産手段の集

93

中と労働の社会化」によって、「訓練され、団結し、組織された労働者階級」が増加します。そして、労働者階級の「反抗」と闘いの発展によって、「労働者階級による政治権力の不可避な獲得」（③838）がおこなわれます。この政治権力によって、これまで、労働者を搾取し、中小資本を収奪してきた大資本が逆に収奪されます。そして「資本独占」が廃止されて、「資本主義的私的所有」は生産手段の「社会的所有」へと変革される、とマルクスは考えます。

　マルクスは、「生産手段の集中と労働の社会化」を「社会的な生産経営」（④1306）とも表現しています。したがって、生産手段の社会的所有を実現することは、「事実上すでに**社会的な生産経営**に基づいている資本主義的所有から、**社会的所有**へと転化すること」（同）です。それは、「資本独占」を廃止して、「社会的な生産経営」*にふさわしい「社会的所有」を実現することです。

　　*　マルクスは『資本論』第1巻の初版で「生産手段の社会的使用」としていた言
　　　葉を第二版で「社会的な生産経営」に変えました。生産手段の使用だけでなく、
　　　生産経営そのものが社会的になってゆくのです。

　ここから、資本主義社会の変革とその「物質的生産条件」にかかわる事柄は次のように整理できます。

①　資本の利潤追求による「社会的生産力」の発展
　　　　　　　　　　　↓
②　「生産手段の集中と労働の社会化」＝「社会的な生産経営」
　　　　　　　　　　　↓
③　資本主義的生産過程そのものの機構によって「訓練され、団結し、
　　組織される労働者階級」の増加と「反抗」の増大
　　　　　　　　　　　↓
④　「労働者階級の政治権力」による、生産手段の「社会的所有」

第5章　将来社会と個人の尊重

　ここで、①「社会的生産力」は資本主義社会の変革の条件をつくり出す基礎です。②「労働の社会化と生産手段の集中」＝「社会的な生産経営」こそが、将来社会の「土台」（生産手段の社会的所有）を準備する「物質的生産条件」です。ただし、ここで労働者は資本の利潤追求のために「結合」（コンバイン）されています。しかし同時に、③資本主義的生産過程の機構をもとにして、労働者階級の「訓練、団結、組織化」がおこなわれます。ここでは、労働者は、資本による「結合」（コンバイン）をもとにして、自覚的に「団結」（ユナイト）します。これが、資本主義社会を変革する現実的な力になるのです。

　こうして、①「社会的生産力」と、②「社会的な生産経営」という「物質的生産条件」をもとに、③「労働者階級」の闘いの発展によって、④「労働者階級の政治的権力」が成立し、生産手段の「社会的所有」が実現されるとマルクスは言うのです。

　なお、マルクスは、資本主義的な私的所有がすでに事実上「社会的な生産経営」にもとづいているので、そこから生産手段の「社会的所有」を実現することは、かつて農民などの自営の生産者たちの個人的な私的所有が、資本主義的な私的所有に転化させられた「長く、苦しい、困難な過程」（資本の本源的蓄積）に比べて、はるかに短く、容易だと考えています（④1306）。

2　資本主義の変革と個人的所有

　では、生産手段の社会的所有によって実現される共産主義社会における生産と所有はどのようになるのでしょうか。この問題は、本書の第3章でもふれましたが、特に共産主義社会と「個人的所有」の関係について、改めて見ておきましょう。

　マルクスは『資本論』第1部で将来の共産主義社会について次のように述べています。

95

「共同の生産手段で労働し、自分たちの多くの個人的労働力を自覚的に一つの社会的労働力として支出する自由な人間たちの連合社会（Verein）＊を考えてみよう」（① 133）。

> ＊ ここで「連合社会（Verein）」という言葉は、先に「団結する（sich vereinen）」と言われた言葉の名詞形です。つまり、マルクスは資本主義社会における労働者の「団結」と将来社会における「連合社会」がつながっていることを示しているのです。また「連合社会」は「協同社会（Assoziation）」と同じ意味で使われています。この言葉も、資本主義社会における労働者の「協同（Assoziation）」が将来社会とそこでの「協同」につながることを示しています。

共産主義社会は、このような「連合社会」であるとされます。ここでは、生産手段は社会的所有ですが、生活手段は連合社会の成員たちの間で分配されます。この分配において、共同で使用する生活手段は共同所有であり、個人的に使用する生活手段は個人の所有です。また社会的な必要のために生産される「社会的な予備元本および蓄積元本」は社会的所有になるとされます（③ 905 ～ 906）。

同時にマルクスは、分配の仕方の歴史的性格を述べて、それは社会的生産有機体と生産者たちの歴史的発展過程に応じて変化すると言います。その分配の仕方の一つとして、生産者が関与した労働時間に応じて生産者に分配されることが想定されます。

このような共産主義社会は「個人的所有」の再建であるとマルクスは言います。

資本主義のもとでは、資本家が生産手段を私的に所有することによって、労働者の労働を搾取して、その生産物を資本家の私的所有とすることができます。このような「資本主義的な私的所有」は、自営の農民や手工業者らが、自分の労働の成果を自分の所有物にできた「個人的な私的所有」の否定です。

賃金労働者は、労働力商品を販売して賃金を得て、生活手段を私的に所

有します。しかしその生活手段は労働力商品の再生産のためのものにすぎません。このことによって、労働者の資本への従属が再生産されます。それに対して、生産手段の社会的所有のもとで、生活手段の「個人的所有」を実現することは、資本による支配や搾取から解放された労働者が、生活手段を個人の人間的発達のために使用できるようにすることです。ここに、資本主義社会における生活手段の「私的所有」と、共産主義社会における生活手段の「個人的所有」との重要な違いがあります。

またそれは、自営業者が個人として私的に労働して、その成果を「個人的な私的所有」にしていたことの、ある意味での「再建」です。社会主義・共産主義のもとでは、生産者が生産手段を社会的・共同的に所有にすることによって、個人の生活手段を「個人的所有」にすることができるからです。マルクスは、共産主義社会における「個人の自由な発達」の土台として、生活手段の「個人的所有」を重視するのです。

3　労働者階級の政治権力

マルクスの将来社会の探究はさらに続きます。

1871年3月18日から5月28日まで、フランスの労働者階級の政治権力である「パリ・コミューン」が成立しました。前年からのフランスとプロイセンとの戦争で、フランスの政府軍は敗北しましたが、パリを防衛していた労働者たちは降伏せず、「パリ・コミューン」を樹立したのです。しかし、「パリ・コミューン」は、プロイセン軍の包囲のもとでフランス政府軍の猛攻撃によって、わずか72日で崩壊させられました。

（1）マルクスの「パリ・コミューン」論

マルクスは、「パリ・コミューン」崩壊の2日後の5月30日に「フランスにおける内乱——国際労働者協会総評議会の呼びかけ」（以下「呼びかけ」と言う）を同総評議会で読みあげました。ここでマルクスは、パリ・コミュー

ンは、「労働者階級の政府」であり、「労働の経済的解放をなしとげるための、ついに発見された政治形態である」（⑰319）と述べました。

パリ・コミューンでは、普通選挙によって市会議員が選出され、彼らが立法も行政も担当しました。公務員は労働者なみの賃金で働き、教育は無料でおこなわれ、貧困者の救済もおこなわれました。

マルクスはパリ・コミューンの「経済的解放」を次のように言います。

「連合したもろもろの協同組合が一つの共同的な計画にしたがって国民的な生産を規制し、そのことによって国民的生産をそれ自身の管理のもとにおき、絶えざる無政府状態と、資本主義的生産の避けがたい周期的な痙攣〔恐慌〕を終わらせるというのであれば、諸君、それこそが、"可能な"共産主義のほかの何であろうか」（⑰319〜320）。

ここでは、もろもろの協同組合の連合が、共同の計画によって国民的な生産を規制すること、これこそが「可能な共産主義」にほかならないと述べられています。マルクスは従来から「協同組合労働」の意義を論じていました。それは、自由で平等な生産者の協同組織（アソシエーション）が、労働者階級の政治権力のもとで、社会の生産をになうということです（『インターナショナル』55ページ参照）。「パリ・コミューン」はこのような「経済的解放」を実現しようとしたのです。

しかし、「パリ・コミューン」はわずか72日で崩壊してしまいました。ここからマルクスは言います。

「労働者階級はコミューンの奇跡に期待をもたなかった。彼らは人民の命令によって実施するべき、固定したできあいのユートピアをもっていない」（⑰320）。

マルクスは、コミューンの政治権力とその法令だけで社会革命ができるという「奇跡」や「ユートピア」には期待しません。では、資本主義社会の変革のためには何が必要なのか。この点についてマルクスは言います。

「労働者階級は、長期の闘争を、すなわち、人間と環境をまったくつくり変える一連の歴史的過程を、経過しなければならないことを知っている。

彼らは実現すべき理想をもっていない。彼らのなすべきことは、崩壊しつつある古いブルジョア社会そのものの胎内にはらまれている新しい社会の諸要素を解放することである。労働者階級は自分の歴史的使命を十分に自覚している」(同)。

ここでマルクスは、労働者階級の政治権力が成立した後の課題だけを言っているのではありません。パリ・コミューンはすでに崩壊したのですから、その教訓から、再び労働者階級の権力を各国で樹立するために、資本主義者社会の「人間と環境とをまったくつくり変える」ための「長期の闘争」が必要であると言うのです。しかも、古いブルジョア社会のなかから成長する「新しい社会の諸要素」を解放することが、労働者階級の「歴史的使命」であると言うのです。

(2) マルクスの「第一草稿」から

マルクスは、「呼びかけ」を発表するために、その「草稿」を同年の4月から5月にかけて執筆していました。そのうちの「第一草稿」でも、「パリ・コミューン」の重要な意義を確認しながらも、フランス政府軍の攻撃も予想される状況をふまえて、労働者階級の長期的な闘争の必要について次のように述べました。

「労働者階級は、彼らが階級闘争のさまざまな局面を経過しなければならないことを知っている。労働の奴隷制〔資本主義〕という経済的条件を、自由で協同的な労働の条件〔共産主義〕におきかえることは、時代の前進的な仕事としてのみありうること（その経済的改造）、そのためには、分配の変革だけでなく、生産の新しい組織が必要であること、あるいはむしろ**現在の組織された労働における社会的生産形態**（現在の産業によって生みだされた）を、奴隷制の鎖から、すなわち現在の階級的性格から解放すること（自由にすること）が必要であること、そして国民的および国際的な調和のある協調が必要であることを、彼らは知っている」(⑰ 517 ～ 518)。

ここでマルクスは、労働者階級の政治権力（コミューン）に限らず、資

本主義社会の変革における「経済的改造」のための長期的な課題を述べています。しかも、この事業は「既得権益と階級的利己心の抵抗によって再三再四遅らされ、阻止されるであろうことを、彼らは知っている」（⑰518）とマルクスは言います。「パリ・コミューン」を崩壊させようとしているフランス政府軍もそのようなブルジョアジーの「階級的利己心」のために動員されているのです。

ですから、マルクスは続けて言います。

「現在の『資本と土地所有の自然な作用』を『自由で協同的な労働の社会的な経済の法則の自然な作用』に置き換えることは、新しい条件が発展してくる長い過程を通じてはじめて可能になることを、彼らは知っている。それは、『奴隷制の経済法則の自然な作用』や、『農奴制の経済法則の自然な作用』が交代させられたのと同様である」（⑰518）。

こうして、マルクスは、奴隷制から封建制へ、そして資本主義へと交代した歴史をふり返りながら、それと同様に、資本主義社会の変革のための新しい条件が発展する「長い過程」が必要であると言うのです。しかし同時に、マルクスは労働者階級の政治権力の意義を次のように言います。

「しかし、それと同時に、政治的組織のコミューン形態によって一挙に巨大な前進が実現されうること、そして労働者自身と人類のためにその運動を開始するべき時がきていることを、彼らは知っている」（同）。

つまり、資本主義社会の変革のため「長い過程」を経ながらも、「政治的組織のコミューン」が樹立されることによって「一挙に巨大な前進」が実現するというのです。したがって、資本主義社会の内部から経済的な変革のための長期のたたかいを進めるとともに、労働者階級が政治的権力をもつための運動を開始する必要があるとマルクスは述べているのです。

この思想は、先に見たように（本書94〜95ページ）、マルクスが『資本論』で、資本主義的生産様式の発展過程を通して「生産手段の集中と労働の社会化」や事実上の「社会的な生産経営」がおこなわれていることをもとにして、「資本主義的私的所有」の変革が実現されると主張していることに結びつきま

第5章　将来社会と個人の尊重

す。マルクスが「第一草稿」（1871年）で「現在の組織された労働における社会的生産形態」と言っている言葉が、『資本論』第二版（1873年）では「社会的な生産経営」と表現されたと考えることができます。

マルクスは、「パリ・コミューン」の偉大な事業とともに、それが短期間に崩壊した教訓をふまえて、資本主義社会の内部から経済的な変革の条件をつくり出す「長い過程」が必要であると同時に、労働者階級の政治的権力による変革が「一挙に巨大な前進」を実現することを述べているのです。

4　共産主義社会における平等の問題

（1）生まれたばかりの共産主義社会における不平等

マルクスは『ゴータ綱領草案批判』（1875年）において、将来社会論をいっそう展開しました。当時、ドイツの「社会民主労働者党」と「全ドイツ労働者協会」とが合同して、「ドイツ社会主義労働者党」がドイツの都市ゴータで結成されました。そのさいに発表された新党の綱領が「ゴータ綱領」と呼ばれます。マルクスは、この「ゴータ綱領」の草案を批判しました。

マルクスの議論で注目されるのは、共産主義の発展段階を論じたことです。どんな社会にも、低い段階とより高い段階とがあります。マルクスは、「資本主義社会から生まれたばかりの共産主義社会」（共産主義社会の第一段階）と「よい高い段階の共産主義社会」とを区別して、それぞれの課題を論じました。

マルクスは、「ゴータ綱領草案」が「あらゆる社会的・政治的不平等の除去」という曖昧な表現をしていることを批判します。マルクスは、「階級区別の廃止とともに、ここから生じるいっさいの社会的・政治的不平等はおのずから消滅する」（39ページ）と表現するべきだと言います。階級社会では、社会的・政治的不平等の根源は階級制度にあります。ですから、この階級制度の廃止とともに、そこから生じていた社会的・政治的不平等は、いっさい消滅するというのです。

101

しかしマルクスは、階級制度の廃止によって完全な平等が実現するとは考えません。まず、生まれたばかりの共産主義社会について、マルクスは次のように言います。

　「ここで問題にしているのは、それ自身の土台の上に発達した共産主義社会ではなくて、反対に、いまようやく資本主義社会から生まれたばかりの共産主義社会である。したがって、この共産主義社会は、あらゆる点で経済的にも道徳的にも精神的にも、この共産主義社会が生まれ出てきた母胎である旧社会の母斑をまだおびている」（27ページ）。

　生まれたばかりの共産主義社会はまだ資本主義社会の「母斑」（特徴）を残しているのです。そのことをマルクスは次のように言います。

　生まれたばかりの共産主義社会の分配の原則は、「個々の生産者は、彼がある形態で社会に与えたものと同じ量の労働を、別の形態において取りもどす」（同）ということです。生産者は自分がおこなった労働の量や質に応じて消費手段が分配されるのです。ここでは「商品交換が等価の交換であるかぎりでのこの交換を規制する原則が支配している」ことになります。ここからマルクスは「ここでは平等な権利は、まだやはり原理的にはブルジョア的権利である」（28ページ）と言います。

　つまり、確かに、分配の尺度は「労働」という「平等」な基準です。しかし、人間の精神的能力や肉体的能力には違いがあり、可能な労働時間や労働の強度にも違いがあります。このように、平等ではない能力と平等ではない労働を尺度とすると、そこからの分配も「不平等」になります。ここからマルクスは、「この平等な権利は、不平等な労働にとっては不平等な権利である」（29ページ）と言います。このように、共産主義の低い段階では、平等な労働の権利は、生産者の労働能力の相違を前提にしている限り、まだ不平等な権利なのです。

　さらに次の問題もあります。生産者には、結婚している者や子どもの数が多い者もあれば、未婚者や子どもの数が少ない者もいます。もしも労働だけが尺度であれば、子どもの多い者が不利になります。そこで、労働を

唯一の尺度とする原則からは不平等ではあっても、既婚者や子どもの多い労働者により多くの権利を与えなければなりません。

　また、生産物を各労働者に分配する前に、「労働不能者」（病人、老人など）のための「元本」を控除しなければなりません。

　このように、労働を「平等」な分配の基準にする限り、むしろ「不平等」が必要なのです。ここからマルクスは言います。「こうした欠陥は、長い産みの苦しみの後に資本主義社会から生まれたばかりの共産主義社会の第一段階では避けられない。権利は、社会の経済的形態およびそれによって制約される文化の発展よりも高度であることはできない」（30ページ）。これは、権利の発展についてのリアルな認識です。

（2）共産主義のより高い段階での平等

　次に、共産主義のより高い段階での権利と平等の実現が、次のように論じられます。

　「共産主義のより高度の段階で、すなわち諸個人が分業に奴隷的に従属することがなくなり、それとともにまた精神的労働と肉体的労働との対立がなくなった後に、労働がたんに生活のための手段であるだけでなく、労働そのものが第一の生活の必要・欲求（Lebensbedürfnis）となった後に、諸個人の全面的な発達にともなって、また彼らの生産力も増大し、協同的富のあらゆる泉がいっそう豊かに湧き出る（voller fließen）ようになった後に、そのとき初めて狭いブルジョア的権利の地平を完全に踏み越えることができ、社会はその旗の上にこう書くことができる。各人はその能力に応じて、各人はその必要・欲求（Bedürfnis）に応じて！」（30ページ）。

　ここで、マルクスは、固定的な分業や精神的労働と肉体的労働との対立がなくなり、労働が「第一の生活の必要・欲求」となり、諸個人の全面的な発達によって生産力が増大することによって、「各人は能力に応じて」労働し、「その必要・欲求に応じて」受け取るという原則が成立すると言います。「必要・欲求」（ニーズ）とは、人間の生活に「必要」なものを「要

求」することです。労働も生活手段も、人間にとって「必要」だから「要求」になるのです。

　ここでは、労働の「必要・欲求」と分配の「必要・欲求」とが対応します。つまり、生産と消費とが「必要・欲求」を基準にして均衡させられます。したがって、「共産主義社会の高い段階」においても、富が"あふれる"ような無駄な生産も、"欲望"のままの無規律な消費も、マルクスは想定していません（そのような翻訳や解釈はマルクスの見解を歪めるものです）。

　しかも、重要なことは、「諸個人の全面的発達」と生産力の発展が基本となって、分配の原則が変化する可能性が論じられていることです。ここから、マルクスは、ゴータ綱領草案が「いわゆる分配のことで大さわぎをして、それに主要な力点をおくことは、およそ誤りであった」（31ページ）と述べています。この点から言っても、「共産主義社会の第一段階」と「より高度の段階」との区別の基準は、「分配」の原則ではありません。「分配」の前には生産があり、それは「生産様式」に規定されます。「生産様式」を規定するものは、「諸個人の全面的発達」の程度です。

　マルクスが言う真の「主要な力点」は明らかでしょう。それは、「第一段階」においては、生産者の労働能力をいかに高めるかであり、また能力と労働の不平等から生じる分配の不平等をいかに緩和するかです。そして「より高い段階」においても、「諸個人の全面的発達」をどのようにして実現するかです。このように、諸個人の人間的発達こそが、一貫して追求されるべき「主要な力点」なのです。

　この点では、『資本論』で述べられた「個人のだれもが十分に自由に発達すること」という共産主義社会の「根本原理」が、『ゴータ綱領批判』でも貫かれているのです。

5　必然性の国と自由の国

　「個人の十分で自由な発達」は『資本論』第3部における「必然性の国

第5章　将来社会と個人の尊重

と自由の国」でも語られます。

　マルクスはまず「必然性の国」と「自由の国」とを区分します。

　「自由の国は、実際、必要に迫られ、外的な合目的性によって規定される労働が存在しなくなるところで初めて始まる。したがってそれは事柄の本質上、本来の物質的生産の領域の彼岸にある。……人間の発達とともに、欲求が拡大するため、自然必然性のこの国が拡大する。しかし同時に欲求を満たす生産力も拡大する」(⑬1434〜1435)。

　つまり、「必然性の国」とは、人間が生きるために必要に迫られておこなう労働の領域です。ここでは、労働はそれ自体が目的ではなく、生きるための手段ですから、「外的合目的性」と言われます。それに対して、「自由の国」は本来の物質的生産の領域の外で、人間が自分自身で目的を立てて活動する領域です。このような意味での「必然性の国」と「自由の国」とは、「未開人」にとっても「文明人」にとっても、人間の歴史をとおしてどの社会にもありました。労働時間が終われば、自由時間が始まります。資本主義社会では、「工場法」が労働時間を制限して自由時間を確保するための重要な役割を果たします。

　次にマルクスは、「必然性の国」での自由について論じます。

　「この領域〔必然性の国〕における自由は、ただ、社会化された人間、協同化された（assoziiert）生産者たちが、盲目的な力によって支配されるものとしての、人間と自然との物質代謝によって支配されることをやめて、この物質代謝を合理的に規制し、自分たちの共同の制御のもとにおくということ、つまり力の最小の消費によって、自分たちの人間的本性に最もふさわしく最も適合した諸条件のもとでこの物質代謝を行うこと、この点にだけありうる。しかしそれでも、これはまだ依然として必然性の国である」(⑬1435)。

　ここでは、人間らしい労働の実現が「自由」であると言われています。つまり、人間が「人間と自然との物質代謝」を合理的に規制し共同で制御して、力の最小の消費で、人間的本性にふさわしい条件で労働することで

105

す。これは、資本主義社会の内部からの変革をとおして徐々に実現できるでしょうが、本格的には共産主義社会の課題です。

さらに、マルクスは「自由の国」について次のように言います。

「必然性の国の彼岸において、自己目的として認められる人間的な力の発展、すなわち真の自由の国が始まる。といっても、それはただその土台としての必然性の国の上にのみ開花しうる。労働時間の短縮が根本条件である」（⑬1435）。

つまり、「必然性の国」を土台として、労働時間の短縮によって得られる自由時間の領域が「自由の国」です。ここでは、「自己目的として認められる人間的な力の発達」が「自由」の中味です。労働者は資本主義社会のもとで「工場法」などによって自由時間を勝ち取りました。共産主義社会では、資本の利潤のために労働する「剰余労働時間」がなくなるために、自由時間がいっそう拡大します。

マルクスは自由時間における活動を、「諸個人の自由な精神的活動および社会的活動」（③906）と言います。それには、諸個人のさまざまな精神的活動とともに、スポーツのような身体的活動も含まれるでしょう。そして、家族・地域社会・地方自治体・国民社会・国際社会にいたるさまざまな社会的活動が重要な意味をもちます。そして自由で民主主義的な活動が社会の全体に拡大し、平和が実現すれば、もはや人間を強制力によって統治する権力（国家権力）は必要ではなくなります。こうして、国家権力は死滅して、人間の「自己統治」が実現するとマルクスは考えます。これがマルクスの共産主義社会の展望です。

6　マルクスと個人の尊重

以上から、マルクスにおける「個人の尊重」の思想をまとめておきたいと思います。

第一に、資本主義社会では、資本の利潤追求と社会全体の富の増大のた

めに、労働者個人が犠牲にされます。それに対して、労働者の団結と連帯の力によって労働者の権利を主張し獲得する運動がおこなわれます。それが、労働運動であり、労働者の政治運動です。19世紀のイギリスでは「工場法」制定の運動やチャーチスト運動がたたかわれました。

　第二に、資本主義的生産過程そのものの機構によって「訓練され、団結し、組織される労働者階級」が増加し、その「反抗」が増大します。それは、労働者個人の経済的・社会的・精神的・政治的な能力が高まることでもあります。労働者の団結の力が個人の能力を高めるのです。

　第三に、「労働者階級の政治権力」によって、生産手段の「社会的所有」を実現することによって、階級が廃止されます。生産手段の社会的所有の実現は、大企業の国有化、中小企業の共同化、協同組合の発展、自治体による公有化など、多様な形態が考えられます。これが資本主義社会の経済的・社会的な不平等を消滅させる重要な条件となります。労働者階級の政治権力による階級の廃止の過程は、資本主義社会から共産主義社会への「過渡期」をなします。

　第四に、共産主義の低い段階では、生産者個人が給付した労働の質と量を基準にして、生産者個人に生産物の分配がおこなわれます。しかしそれは、諸個人の不平等な労働能力を前提とした不平等な分配です。マルクスは、これらはまだ「ブルジョア的権利」にすぎないと言います。そこで、労働を尺度とする分配からおこる実質的な不平等を是正するために、労働者の家族などの実態に沿った分配がおこなわれ、労働不能者には社会の共同の元本からの分配がおこなわれます。そして諸個人の労働能力の発達が社会の重要な課題になります。

　第五に、共産主義のより高度な段階では、固定的分業の廃止、精神労働と肉体労働との対立の消滅、労働が「第一の生活の必要・欲求」となること、諸個人の全面的発達、生産力の発展にともなって、「各人が能力に応じて」労働し、「各人はその必要・欲求に応じて」受け取る、という原則が登場します。しかし、以上の議論はまだ社会の「土台」である「必然性の国」

における平等にすぎません。

　第六に、労働が「第一の生活の必要・欲求」となるのは、「必然性の国」においても、「人間と自然との物質代謝」が合理的に制御されて、労働が人間らしいものになっているからです。そして、このような「必然性の国」を土台として、労働の必要に迫られることなく、「自己目的として認められる人間的な力の発展」がおこなわれる領域が「自由の国」です。ここでは各人が「自由な個性」を発展させることができます。それは、「各人の自由な発達が万人の自由な発達の条件となる協同社会」であり、「個人のだれもが十分に自由に発達すること」を「根本原理」とする社会です。

　このように、諸個人の「自由・平等・協同」を相互に結びつけて実現することがマルクスの思想です。マルクスの考える将来社会は、自由はあっても平等のない社会や、平等はあっても自由のない社会ではありません。「協同社会」の実現によって、自由と平等をともに実現しようというのがマルクスの思想です。マルクスは、資本主義社会の変革から将来社会の形成にいたる全過程にわたって、「個人の尊重」を「社会的な協同」で実現することを主張したのです。

あとがき

　2017年は『資本論』刊行150年でした。また、2018年はカール・マルクス生誕200年でした。本書はこのような記念の年に執筆した論文や連載講座を中心にして作成しました。

　序章は、「個人の尊重を社会的協同で」（『学習の友』2019年1月号）をもとにしています。表などを追加しました。

　第1章は、「『個人の尊厳』とマルクス」（治安維持法犠牲者国家賠償要求同盟編『治安維持法と現代』第33号、2017年4月）をもとにしています。表題や内容を少し変更しました。

　第2章は、「マルクスの世界観——世界は変えられる」（『経済』2018年5月号、新日本出版社）をもとにしています。

　第3章は、「変革の哲学としての『資本論』」（『経済』2017年5月号）をもとにしています。表題を少し変更しました。

　第4章は、「連載講座　『資本論』から学ぶ変革の哲学」（『学習の友』2017年7月号〜12月号）をもとにしています。『資本論』第1巻を見通した分かりやすい解説をめざしました。そのため、第3章と一部重複することをご了承ください。本書への収録にあたって表題と内容の一部を変更しました。

　第5章は、拙著『マルクスの哲学思想』（文理閣、2018年）の第12章「資本主義社会の矛盾と将来社会」で論じ足りなかった点について補うとともに、マルクスの古典の読み方についての私見を述べました。

　マルクスは経済学者、革命家として有名です。同時に彼は哲学者でもあります。マルクスは、娘からの「質問票」に答えて、「格言」の項目で「人間にかかわることで私に無関係と思うものは何もない」というテレンティウス（ローマの喜劇作家）の言葉を記しています。マルクスはこのような「ヒューマニズム（人間尊重主義）」の思想家です。

マルクスは、本書でくり返し紹介したように、「個人のだれもが十分に自由に発達すること」を、「より高度な社会形態」の「根本原則」として主張しました。このことも、いっそう広く知っていただきたいと思います。

　本書の出版について本の泉社の新舩海三郎代表にご快諾をいただき、編集では田近裕之氏にたいへんお世話になりました。厚くお礼を申し上げます。

2019年8月15日

牧野　広義

●著者略歴

牧野　広義（まきの　ひろよし）

1948年　奈良県に生まれる
1977年　京都大学大学院文学研究科博士課程単位取得
現在　　阪南大学名誉教授、労働者教育協会副会長
主な著書『自由のパラドックスと弁証法』青木書店、2001年
　　　　『哲学と知の現在──人間・環境・生命』文理閣、2004年
　　　　『現代倫理と民主主義』地歴社、2007年
　　　　『人間的価値と正義』文理閣、2013年
　　　　『知のエッセンス──働く者の哲学』学習の友社、2013年
　　　　『環境倫理学の転換──自然中心主義から環境的正義へ』文理閣、2015年
　　　　『ヘーゲル論理学と矛盾・主体・自由』ミネルヴァ書房、2016年
　　　　『世界は変えられる──マルクスの哲学への案内』学習の友社、2016年
　　　　『ヘーゲル哲学を語る』文理閣、2016年
　　　　『『資本論』と変革の哲学』学習の友社、2017年
　　　　『マルクスの哲学思想』文理閣、2018年

マルクスと個人の尊重

2019年10月25日　初版第1刷発行

著　者　　牧野　広義

発行所　　株式会社 本の泉社
　　　　　〒113-0033 東京都文京区本郷 2-25-6
　　　　　電話：03-5800-8494　Fax：03-5800-5353
　　　　　mail@honnoizumi.co.jp ／ http://www.honnoizumi.co.jp

発行者　　新舩海三郎
DTP　　　田近　裕之
印　刷　　新日本印刷　株式会社
製　本　　株式会社　村上製本所

©2019, Hiroyoshi MAKINO　Printed in Japan
ISBN978-4-7807-1948-2　C0010

＊落丁本・乱丁本は小社でお取り替えいたします。
＊定価は表紙に表示してあります。
＊本書を無断で複写複製することはご遠慮ください。